國家圖書館
特藏珍品

乾隆御製稿本 西清硯譜

［別册一］

上海書畫出版社

御製西清硯譜序

向詠文房四事，謂筆、硯、紙、墨，文房所必資也。然筆最不耐久，所云老不中書，紙次之，墨又次之，惟硯爲最耐久。故自米芾、李之彦輩率譜而藏之，以爲藝林佳話。内府硯頗夥，或傳自勝朝，或弆自國初，如晋玉蘭堂硯、璧水暖硯，久陳之乾清宫東西暖閣，因思物緐地博，散置多年，不有以薈綜稡記，或致遺佚失傳，爲可惜也。因命内廷翰臣，甄覈品次，圖而譜之，凡舊藏者若干枚，散置者若干枚，新獲者若干枚，其棄置庫中爲之剪拂刮磨、欝爲奇品者又若干枚。譜既成，欲命于敏中擬四六引言以行之。既思題句銘辭皆自作，且六日而成四十首，所爲惜淪棄、悟用人、慎好惡、戒玩物，無不三致意焉，則又不可以無文而不序其梗概也。昔許採一文人耳，藏硯幾至百枚，兹百年太平，石渠、天禄之府貯硯多至二百枚，亦不爲過。而予以爲已過者，蓋意有所好，必有所繫，若謂文房之資，立言傳道，有異他物之爲。嗟夫，是予所以自解乎，抑亦所以自訟乎？

乾隆戊戌孟春月下澣。

欽定西清硯譜凡例

一　自帝鴻創墨海之規，金匱載硯書之訓，硯之爲制尚矣。後嗣香姜、銅雀，間出刼灰，龍尾、鴝睛，别珍山骨，若宋蘇易簡、蔡襄諸人所譜，米芾之史，高似孫之箋，或操觚之士享其敝帚，或好古之家矜其耳食，非陋即誣。是譜著録，遠溯漢代，近逮本朝，凡經名人鑒藏佳硯，悉係内府舊儲，繪圖著説，冠以御序，並錫名曰《西清硯譜》，允堪滙成巨觀，徵信墨林。

一　諸家硯譜雖間及收藏銘款，不過偶爾標題，未能遍加品藻。我皇上文思天縱，萬幾餘暇，既拔其萃，登諸翰筵，且寵以天藻，或銘或詩，信手拈出，如化工之肖物，而於斂時錫福，愼樞機、惜隱淪、戒玩物，尤殷殷致意。蓋即小喻大，而聖人心法治法，全體大用備焉已。

一　陶泓結友，首契墨卿。兩漢以降，玉蘭、璧水著美。晋時菱鏡、石渠標奇。唐代古硯流傳，大約陶、石二種爲夥。是譜所登，先陶於石，以未央之瓦、三臺之甎較之六朝製石，閲代尤遠，從其朔也。

一　古今佳硯，固貴質美工良，而鑒賞品題，因人增重。是譜叙次按時代先後，而於命名象物，義取斷章。其曾經名流手澤者，即以人繫硯，冠於每代之首，以志雅尚。

一　是譜所登諸硯，或供臨池御用，或經鑒定弆藏，什襲各有專司。如乾清宫東西暖閣，三友則緗帙同排，兩晋則綈几對列。他若十干標古，而篋貯琳琅，衆品羅珍，而箱盈磊砢。譜中雖按時代裒次，散見各卷，而於圖説，仍附識緣起，並與其餘陳設各硯，均於每卷子目下詳書硯貯某處，庶即分見合，更便檢閲。

一　譜内硯説，先尺度，次石質，次形製。無論硯及硯匣，凡收藏名人姓氏出處，必覈其紀年署款、公私印記，與歷朝史傳、文集、説部諸書符合與否，細加考證，呈覽甄定。即隻字半章，亦必旁蒐詳訂，間有闕款，愈昭矜慎。其前人銘跋成文者另録附，御題之後，下逮臣工奉敕恭和之作，亦得榮預簡末。

欽定西清硯譜目録

第一册　陶之屬

漢未央宫東閣瓦硯　乾清宫
漢未央宫北温室殿瓦硯　生秋庭
漢銅雀瓦硯一　乾清宫
漢銅雀瓦硯二　乾清宫
漢銅雀瓦硯三　翠雲館
漢銅雀瓦硯四　別有洞天
漢銅雀瓦硯五　熱河
漢銅雀瓦硯六　寧壽宫

第二册　陶之屬

漢甎多福硯　乾清宫
漢甎石渠硯　頤和軒
漢甎虎伏硯　延趣樓
魏興和甎硯　樂壽堂
唐石渠硯一　乾清宫
唐石渠硯二　樂壽堂
唐澄泥六螭石渠硯
唐八棱澄泥硯　獅子林

第三册　陶之屬

宋宣和澄泥硯
宋張栻寫經澄泥硯
宋澄泥虎符硯一　養心殿
宋澄泥虎符硯二　漱芳齋
宋澄泥虎符硯三　符望閣
宋澄泥虎符硯四
宋澄泥石函硯一　重華宫
宋澄泥石函硯二　尋沿書屋
宋澄泥石函硯三
宋翠濤硯　乾清宫
宋方井硯　乾清宫

第四册　陶之屬

宋澄泥海獄硯　蓬島瑶臺
宋澄泥括囊硯　碧琳館
宋四螭澄泥硯　符望閣
宋澄泥圭硯　御蘭芬
宋澄泥石渠硯
宋澄泥黼黻絢紋硯
宋澄泥蕉葉硯

宋米芾蘭亭硯 熱河
宋米芾蠡斯瓜瓞硯
宋中岳外史端石硯 浴德殿
宋薛紹彭蘭亭硯 延春閣
宋楊時金星歙石硯
宋陸游素心硯 御蘭芬
宋吴儆井田硯
宋文天祥玉帶生硯 養性殿
宋鄭思肖端石硯

第十册　石之屬

宋景之蘭亭硯
宋垂乳硯 乾清宫
宋黝玉硯 乾清宫
宋紫雲硯 乾清宫
宋暈月硯 乾清宫
宋端石海天硯 延春閣
宋合璧端石硯 寧壽宫
宋端石雲腴硯 奉三無私
宋端石鱗文硯 魚躍鳶飛
宋端石登瀛硯 清暉閣

第十一册　石之屬

宋端石歸去來辭硯 安瀾園
宋端石貨布硯 澤蘭堂
宋端石七星硯 獅子林
宋端石風字硯
宋端石百一硯
宋端溪天然子石硯
宋端溪子石蟠桃核硯
宋端石三星硯
宋端石聚奎硯
宋端石洛書硯

第十二册　石之屬

宋端石騰蛟硯
宋端石印川硯
宋端石三虎硯
宋端石洛書硯
宋端石五丁硯
宋端石鳳池硯
宋端石重卦硯
宋端石紫袍金帶硯
宋端石石渠秘閣硯 賞皇八子
宋端石列宿硯 賞皇六子

第十三册　石之屬

宋紫端太平有象硯
宋紫端涵星硯
宋紫端石渠硯 延春閣
宋紫端雲腴硯
宋蕉白七子硯

第一册　陶之屬

漢未央宫東閣瓦硯説

硯高七寸四分，寬五寸二分，厚一寸二分。漢未央宫東閣瓦也。瓦背爲受墨處，橢圓，高三寸五分，寬二寸八分。左方上鐫『金華宋濂寶玩』六字，篆書。下有『老學菴』三字長方印一。右方下鐫『集賢學士虞集伯生甫珍藏』十一字，隸書。上方鐫御題詩一首，楷書，鈐寶二：曰澂觀，曰比德。左旁鐫臣梁詩正銘一首，楷書；臣張若靄識語二十二字，隸書；臣董邦達詩一首，楷書。右旁鐫臣汪由敦銘一首，篆書；臣勵宗萬銘一首，楷書。下方鐫臣陳邦彦、臣裘曰修銘各一首，俱楷書。硯背印『未央宫東閣瓦』六字。右印『大漢十年』四字，左印『酇侯蕭何監造』六字，俱陽文隸書。四周葛麻文，邊角微有刓缺。考宋陸游，著有《老學菴筆記》。虞集，字伯生，仕元爲集賢學士。明宋濂，金華人，官學士承旨知制誥。是硯膚理密緻黝黑，如歙溪坑石而體質輕清，宜筆發墨，實爲勝之。且經宋、元、明名人鑒藏，真足令龍尾羞牛後矣。匣蓋鐫御題詩與硯同，隸書，鈐寶二：曰幾暇怡情，曰得佳趣。謹案：内府舊藏瓦硯甚夥，惟此與後銅雀瓦硯第一、第二，最爲瑩潤。閲歲久遠，三硯同邀御賞，題識弆藏，錫銘三友，豈非陶氏精英，有美必合者乎？

御製題漢未央宫東閣瓦硯

噲豨越布皆功狗，相國發縱常居守。楚歌四起霸業墮，漢王南面朝九有。功成治定作未央，連雲榱棟將侈富叶。翡翠參差覆反宇，日射華光入文牖。

俱楷書。下方鐫臣陳邦彦銘一首，行書。匣裏有『未央宮北温室殿用蕭何監造』十二字，隸書陽文款。考宋駙馬都尉王詵，字晉卿。元鮮于樞，字伯幾，自號困學齋民。喬簣成，亦元人。是硯蓋詵故物，而流傳既久，鮮于、喬氏並經賞玩，故各有印識云。硯匣蓋上鐫『未央宮北温室瓦硯』七字，隸書，鈐寶一：曰乾隆御玩。下鐫御題銘與硯同，隸書，鈐寶二：曰幾暇怡情，曰得佳趣。

御製漢未央宮北温室殿瓦硯銘

赤帝肇基，酇侯正宅。陶人爲瓦，堅若金石。宵露凝精，曦陽耀魄。歷歲二千，印花暈碧。佳士振奇，摩挱惋惜。曰是良材，不礱而澤。潤宜柔翰，緻泛松液。作硯惟寶，重逾拱璧。鑒賞秘藏，流傳屢易。曩遘陽九，淪委沙礫。貢珍天府，輝映東壁。臨池静對，俛仰今昔。締構經營，英姿奕奕。懷賢興慕，鑑古增愓。何有區區，文章字畫。龍賓就召，蟾蜍滴瀝。摛藻西京，卿雲接跡。

臣汪由敦銘：陶之精，堅以瑩。柧棱特起雄漢京。閲年幾何來書府，日摩挱，氣逼古。

臣張若靄銘：露凝仙掌，殿隱卿雲。鱗差櫛比，黄屋玢豳。翔鴛顧影，眠柳摇春。一器之傳，珍逾尺璧。誰其繼者，工斯埏埴。陶泓楮生，銘兹炎德。

臣董邦達銘：未央宏麗，温室深嚴。漢宮遺製，既雕既鑱。珊瑚作架，玳瑁成函。泐銘其上，用志大凡。

臣梁詩正銘：卯金鎖，留瓦注。鴛鴦影已分，蟾蠩氣方吐。猶記當年簪筆人，巡簷默數庭前樹。

臣勵宗萬銘：來自漢室，寶此研田。玉不碎兮瓦亦全，盛以仙露潔且鮮。

臣裘曰修銘：漢業既成，未央是營。温室深閟，萬瓦鱗次。越數千年，瓦猶獲全。登之文囿，用爲硯田。製自工師，珍同圭璧。物無棄材，視此遺甓。

臣陳邦彦銘：縝而潤，栗而温。漢社已屋，宮瓦猶存。昔同樹不語，今並石能言。

漢銅雀瓦硯説

硯高七寸九分，寬五寸，厚一寸六分。漢銅雀臺瓦也。瓦背刳中橢圓爲受墨處，高三寸五分，寬二寸八分。其上爲墨池，若卣之有梁，深五分。

臣張若靄銘：高臺何在，遺瓦獨存。墨君管子，介紹無言。

臣裘曰修銘：昔以成臺，徵歌貯舞。茲以臨池，研今泳古。遥遥千載，物换星移。片瓦何知，惟所用之。

漢銅雀瓦硯説

硯高七寸六分，寬四寸八分，豐下削上，厚一寸七分，亦漢銅雀瓦。受墨處琢爲瓶式，瓶口爲墨池。硯首鐫御題詩一首，隸書，鈐寶二：曰比德，曰朗潤。硯背印『建安十五年』五字，陽文隸書，四周葛麻文。是硯質理細潤，黄如蒸栗，滴水不乾，觸手生潤，雨後氣凝如露，蓋久承簷溜滋液滲漉所致，如端溪水巖石液内含，水氣外溢也。前未央、銅雀二瓦，色皆青黑，此獨黄，類澄泥，當由埏埴時取材既殊，火色亦有深淺，且入土年久，與黄壤融洽，較取之漳水中者不同。亦猶古銅器，有南出土、西出土之别耳。要其淘煉精良，如陶弼《銅雀瓦硯詩》所云『煉盡沙石滓，陶成金玉胚』者，其致一也。考宋洪适《容齋續筆》稱：先世得瓦硯，長尺有半，闊八寸，背有隱起隸字，曰『建安十五年』。此瓦款製如之，而尺寸較小三之一，當由古今尺度不同，或即其故物。匣蓋鐫御題詩與硯同，鈐寶二：曰幾暇怡情，曰得佳趣。匣底内鐫識語二則，共二百二十九字，俱隸書。

御製題漢銅雀瓦硯

硯之珍者宋時端，漢瓦更古千載焉。長盈尺横五寸寬，背隸建安十五年。容齋故物或疑然，内府舊器向題篇。未央、銅雀各一全，得茲三友佳話傳。於面滴水不易乾，拭水乃潤蒸露溥。承溜含滋理可詮，何物不可致有言，亟哉蒿目吾於賢。

識語：謹考宋洪适《容齋續筆》云：先世得瓦硯二，長尺有半，闊八寸，中爲瓢形。背有隱起六隸字，曰『建安十五年造』。又其所著《隨筆》云：贑雩都灌嬰廟左有池，得瓦可爲硯，其色正黄。按：此硯惟隸書缺一『造』字，餘俱與洪适所載脗合，洵漢瓦無疑。又按：硯之佳者，稱細膩潤澤，龍尾珍於宋，紫雲劃於唐也。傳之千載數百載，非弗寶貴矣，不若斯之壽而臧也。勒爲此銘，發神雀之藻耀，表甄官之精良也。亦以慨奸雄之骨已朽，建安之年號不亡也。

臣梁詩正銘：銅雀雙鳴五穀熟，幻化長留硯田宿。墨池清泚星光屬，依稀照影漳河曲。

臣張若靄銘：鄴土猶新，漳流不蝕。用佐古香，代文以質。

臣裘曰修詩：鄴都漳水流涓涓，高臺遺跡埋荒煙。行人拾得臺上瓴，既礱既治煩磨鐫。中央彷彿月未圓，凹之如沼還如田。絳人管子來因緣，爰登筍席陳琱筵。其陰題識尚宛然，製自建安十五年。上鑱寶貨之古泉，下刻呦鹿伏且眠。布痕猶皺膚理堅，土花千載受氣全。墨池雲涌風仙仙，至今一瓦仍流傳，舊時銅雀知誰邊。

臣汪由敦銘：神雀軒舉，藏歌貯舞。高臺既傾，驚沙宿莽。萬瓦鱗鱗，遺此片甲。質瑩而澤，襲之寶匣。豈無良材，龍尾鳳咮。閱歲踰千，曷若汝壽。

臣勵宗萬詩：銅臺瓦，沉漳水。風日盪摩波濯洗，光潤出河凝石髓。苞蘊經天緯地文，鄴下空驚七才子。春華秋實兼所收，陶鑄典墳括圖史。

臣董邦達銘：銅臺燬矣，隻瓦猶新。臺因時圮，瓦以硯珍。質温而栗，光黝而純。繄無馬肝，古色漸湮。繄無鳳咮，追琢損真。維此範土，堅埒貞珉。面隆腹窪，肉好適均。以濡不律，以砥龍賓。圖球共寶，棐几長春。

臣陳邦彥詩：歷盡漳河晝棟塵，琢成良硯襲芳裀。池凹微染苔痕碧，款字長留舊跡新。棐几明窗供雅玩，舞衫歌板認前因。濃磨子墨裁青史，猶記三分漢鼎人。

漢銅雀瓦硯說

硯高八寸三分，上寬四寸五分，下寬五寸，厚五分，篚穹起一寸四分。受墨處微窪，與墨池通。上方鐫御題銘一首，行書，鈐寶一：曰乾隆御賞。右有『丹邱生』方印一。左旁鐫銘四十字。下署『徵明』二字，楷書。右旁鐫識語，曰『雲東逸史姚綬藏於滄江虹月之舟』十四字，篆書。

明寧王權識語：予得于漳濱之深川，愛而加諸翰墨，以爲博雅好古之玩云。洪武辛未重九，臞仙識。

漢銅雀瓦硯説

硯高八寸五分，寬五寸二分，厚半寸，第處穹起離几一寸六分，漢銅雀瓦也。受墨處橢圓，墨池稍狹側上，深四分許。上方正中鐫寶一：曰乾隆御賞之寶。左上方有『句曲外史』方印一，下鐫『水晶宫道人珍藏寶玩』九字，右方鐫『項墨林家珍藏』六字，並隸書。硯背印『建安十五年』五字，陽文隸書。上印古錢一，文曰『寶貨』，下印眠鹿一。上方鐫御題詩一首，楷書，鈐寶二：曰古香，曰太璞。硯面左側鐫臣汪由敦銘一首，篆書；臣勵宗萬銘一首，隸書；臣裘曰修銘一首。右側鐫臣梁詩正銘一首，俱楷書；臣張若靄銘一首，隸書；臣陳邦彦銘一首，楷書。下鐫臣董邦達詩一首，行書。考句曲外史，元張雨自號。趙孟頫嘗自稱水晶宫道人。墨林居士即明項元汴。是硯與困學齋藏瓦硯皆背無葛麻紋，雖不能定其必係漢瓦，然既經孟頫諸人鑒藏，製作印識亦俱古雅。臣等伏讀是硯御製詩云：『或云六朝好事者，所仿爲之誌不朽。此事雖假亦久哉，惡知非真亦非苟。』傳信傳疑，足爲千秋定論。謹並仍標爲漢銅雀瓦硯，列於諸漢瓦硯之末。匣蓋面鐫『銅雀瓦硯』四字，隸書，鈐寶二：曰乾、隆。下方側鐫御題詩與硯同，鈐寶二：曰比德，曰朗潤。匣底鐫寶一：曰乾隆御玩。

御製題漢銅雀瓦硯

偶憶瓦硯或尚有，居然此器呈座右。未央銅雀各存一，貯之乾清題句久。斯蓋其次未經詠，徒命西清試吟手。重觀歷歷作古人，不覺悵然爲搔首。四時代嬗刻無停，信哉何物如汝壽。然予更復致疑焉，瓦片識年理難剖。即今宫殿黄瓦覆，何曾一一年歲鏤。或云六朝好事者，所倣爲之誌不朽。此事雖假亦久哉，惡知非真亦非苟。

臣汪由敦銘：伊昔之鉅麗，瓦也有餘媿。而今之遭逢，登几席以雍容。陳秘殿，松花汎，臺安在哉，瓦爲硯可鑑。

第二册　陶之屬

漢甎多福硯 乾清宮　漢甎石渠硯 頤和軒　漢甎虎伏硯 延趣樓　魏興和甎硯 樂壽堂　唐石渠硯一 乾清宮　唐石渠硯二 樂壽堂　唐澄泥六螭石渠硯　唐八棱澄泥硯 獅子林

漢磚多福硯説

硯高五寸許，寬七寸許，厚五分。横斜曲直，因其自然天成，側翅蝙蝠形。色淡黄，質理細膩如玉。當是漢時古磚之刓缺者。硯正中隆起寸許如背，下即土質，墳處爲小蝠一，右方平處磨治爲硯。上鐫『多福研』三字。右上方鐫『天畀夫子瑞其家庭』八字。下方鐫銘二十四字，署款曰『平州』。左方鐫銘二十四字，亦署『平州』二字款。又鐫識語二十六字，無款，並楷書。左角鐫寶二：曰乾隆珍玩。硯背左角鐫『多蝠』二字，篆書。中土脈墳起處刻蝠形，隱約可辨者幾十餘。上方鐫銘四十八字，署款曰『白鵽緣人贊』五字，並楷書。平州及白鵽緣人俱無考。是硯色黄肌細，扣之作土聲，確係是陶非石，平州作銘止云『汶水毓精』，亦未確指爲石也。惟白鵽緣人贊稱泰山所鍾，始誤認爲石，遂致沿訛，使佳硯本質不彰。考漢以前陶埏精良，三臺之瓦，世所膾炙，其餘搆造，必不苦窳。是硯獲自汶水，靈光魯殿，去汶不遠，豈無遺甓淪没洪波，久而復出，堪備硯材者？其爲漢磚無疑！匣蓋鐫御題銘一首，楷書，鈐寶二：曰惟精惟一，曰乾隆宸翰。臣等捧觀敬誦，竊仰窺我皇上法祖敬天，建極錫福之忱，無時或釋。即銘硯數語，而深宫宵旰，凡所以措斯世斯民於熙皞之盛，胥於是乎在矣。外匣蓋鐫臣任蘭枝、臣蔣溥、臣劉統勳、臣彭啓豐、臣張若靄、臣鄂容安、臣介福銘各一首，俱楷書。

靜德無聲，榮光似鏡。正直守中，端凝主敬。維德治馨，錫賚有銘。盤盂並鑒，彝訓是經。我皇至德，受釐保佑。配命自求，乾行坤厚。天葩刊珉，輝光日新。建極錫福，箕疇載陳。

臣張若靄銘：坦坦平平，宜文宜質。溫溫穆穆，如圭如璧。其體常貞，其用不息。動以研天下之精，靜以立天下之則，從心而不踰乎矩，因時而不滯乎物，是之謂造福之田，掞天之筆。藹藹爲雲，膚寸也而沛垂天之澤，淵淵其淵，涓滴也而凝江海之液。渙汗其大號而義貫六經，燦麗其絲綸而文成五色。蓋萬物之壽也，而悉本於王心之一，萬年之和也，而皆藴於皇衷之密。神之聽之，多福是錫。民之質矣，徧爲順德。

臣鄂容安銘：維茲珉石，膺受多福。樸然天成，渾渾穆穆。體端而靜，性堅以貞。以濡以沐，潤色蒼生。濡之以毫，爲霖爲雨。曾不崇朝，徧於寰宇。沐之以墨，如綍如綸。沛若江河，達於崑崙。勿謂萬類，聚之几席。藉此方寸，通其呼吸。雖有萬事，資以助之。著於一紙，九有勿遺。運行在心，吐納在腹。一滴涓涓，中外咸渥。膺福者硯，錫福者天。虛中以應，億萬斯年。

臣介福銘：相茲貞石，採自幽谷。追之琢之，溫其如玉。供清玩於九重，肇嘉名以多福。明明我后，錫極庶民。宵衣旰食，與物偕春。福緣天降，亦由自求。遵道遵路，朝野咸休。乃啓彤帷，乃拭綈几。嘉茲硯之堪珍，焕絲綸於遐邇。涵濡宇宙，潤色太平。永斯年於億萬，熙久道兮化成。

漢甎石渠硯説

硯高七寸二分，寬四寸二分，厚二寸，長方式。漢古甎爲之，色紫而澤。中爲受墨處，上微凹直勒爲墨池，周環以渠，俱斗檢式直勒。下邊周刻雲雷紋。側面刻螭六。上下環束絢紋二。四足爲獸面承硯，離几六分許。背面邊周刻水草紋。覆手窪下作兩層，中鐫『漢墨藏寶』四字，篆書。上層周鐫御題詩一首，篆書，鈐寶一：曰永寶用之。匣蓋並鐫是詩，隸書，鈐寶一：曰得佳趣。是硯刻鏤俱極古雅，有刀法，徧裹青緑砂斑，尤有寶色。如古鼎彝，體質瑰厚，較唐石渠硯更爲渾穆。

考明高濂《遵生八牋》稱，魏時甎硯長九寸，厚二寸許，闊四寸，色黄淡如沉香，所載硯背文與此同。又稱一方有異獸奮翼者，止半其形，想甎大而得其半云云。是硯尺度較小，或亦因半甎而加製作者。匣蓋鐫御題銘與硯同，隸書，鈐寶二：曰會心不遠、曰德充符。匣底内鐫『乾隆御用』四字，外鐫『魏興和甎硯』五字，俱隸書。

御製題魏興和甎硯

扣如金石聲和緩，背識興和年造宛。彼其偏安世季晚，何有此哉郁翰苑，信乎斯文行之遠。

唐石渠硯説

硯方四寸二分，厚二寸二分，跗高七分，澄泥爲之。受墨處正方，首微仰。墨池周圍成渠，深一寸一分。環渠邊周刻流雲紋。硯側四面上下通界綯紋，中凸起獸面各一。四角承跗處，出硯體外各一分。硯背中心凸起正方如印，所鐫篆書銘惟『能然以其』四字尚存，餘不可辨。後有『宜子孫』橢圓印一。四角刻流雲斜屬於跗。上方鐫『唐研』二字，左方鐫『石渠』二字，俱隸書。右方鐫御題銘一首，楷書，鈐寶一：曰朗潤。考宋高似孫《硯箋》引鄭亭仲《硯記》云，唐人所用皆陶，又云虢州澄泥，唐人以爲第一，蓋唐中世以前未甚知有端歙也。是硯墨鏽古厚，遍身砂斑，青緑獸面，鎏金掩映燦爛，當係入土年久所致。至其製古質佳，尤非後代所能彷彿。匣蓋外鐫御題銘與硯同，行書，鈐寶一：曰乾隆宸翰。内鐫『唐硯』二字，隸書。匣底鐫『石渠』二字，隸書，鈐寶一：曰乾隆御玩。外鐫標識，曰『丙』，楷書。

御製唐石渠硯銘

水火既濟，萬物得津逮。

唐八棱澄泥硯説

硯八棱，棱廣一寸八分，徑四寸一分，厚四分。受墨處正圓如璧，外環墨池。池外周刻海馬、飛魚出没波濤之際。上方左、右側面鐫銘款十二字，篆書。硯背鐫御題銘一首，楷書，鈐寶二：曰會心不遠、曰德充符。考明高濂《遵生八牋》稱，唐澄泥硯，池以泥水澄瑩，燒而爲硯，品爲第一，刻法精妙，真希世物云云。所載篆書銘識、刻作物象與是硯同，惟彼稱方廣九寸，厚二分，此爲較小，或作硯時依式製造數方，大小各具也。且土質細潤，堅如玉石，其爲汾絳舊物無疑。又考『明理宣跡平水圓璧』八字迴文銘，爲梁丘遲作，款署『建武庚子』四字。建武爲齊明帝年號，遲逮事明帝，故署建武。惟明帝以甲戌建元，至戊寅改元永泰，無庚子年，意銘後『庚子』二字或書其日也。唐人作硯時，蓋沿用銘詞並列原款，以爲重耳。匣蓋鐫御題銘與硯同，鈐寶二：曰日幾暇怡情、曰得佳趣。匣底内鐫『乾隆御用』四字，外鐫『唐八棱澄泥硯』六字，並隸書。

第三冊　陶之屬

宋宣和澄泥硯説

硯高八寸，寬五寸八分，厚八分。宋時澄泥製。硯面正平，受墨處刻瓶式，即以瓶口爲墨池，深三分。瓶式邊線皆作細絢紋，耳刻作螭虎形，右角刓缺，四周俱有土蝕痕。硯背覆手刻作圭式。中鐫『宣和』二字，篆書。上方鐫御題詩一首，行書，鈐寶一：曰乾隆御賞。匣蓋並鐫御題詩與硯同，隸書，鈐寶二：曰乾隆宸翰，曰惟精惟一。左方鐫臣蔣溥、臣汪由敦，右方鐫臣梁詩正、臣劉統勳恭和詩各一首，俱楷書。是硯淘煉精良，堅潤如石，閲代既久，墨光可鑑，篆刻亦極古秀，洵推陶友上乘。

御製題宋宣和澄泥硯

澄泥貢硯識宣和，小篆分明泐未磨。撫不手留質古玉，暎教心澹色春波。出陶底異銅臺瓦，受墨偏宜棐几娥。温室餘閒常命什，勑幾惟覺慚賡歌。

臣蔣溥詩：幾度叢臺漉水和，流傳古質未消磨。西清識篆猶青汴，東壁分牋自衍波。半沼春泉宜静友，一圭膩玉薦雲娥。宸章燦處烟光濕，不數端州石硯歌。

臣汪由敦詩：綈几揮毫心手和，宋時尺璧愛詩磨。濕涵雨氣龍鱗片，潤浥寒芒鴝眼波。毛穎舊傳陶是友，雲仙漫詫墨爲娥。金聲玉德耆顔古，長沐榮光帝作歌。

而右『寸』字尚存彷彿。蓋内鐫御題銘一首，楷書，鈐寶二：曰古香，曰太璞。匣蓋内並鐫是銘，隸書，鈐寶同。

御製宋澄泥虎符硯銘

聞之説命，事須師古也。物豈不然，於硯尤宜斯語也。宋代澄泥，其形爲伏虎也。小篆曰『符』，蓋以用於軍旅也。磨盾伊誰，爰乃成其露布也。觀象玩占，我則念夫革之九五也。自新新民，應天順人之矩也。古色斑斕，文房朝夕與處也。曰金曰石，無不可也。世間萬物，曷莫不生於土也。

宋澄泥虎符硯説

硯高四寸三分，上寬二寸三分，下寬三寸一分，厚約一寸四分許。澄泥，宋製，亦與前同而質稍紫。硯蓋虎頭微小，旋紋微模糊。受墨處橢圓，墨池亦作太極圖式。底鐫『虎符』二字，篆書。蓋内鐫御題銘一首，楷書，鈐寶二：曰會心不遠，曰德充符。匣蓋内並鐫是銘，隸書，鈐寶二：曰比德，曰朗潤。

御製題宋澄泥虎符硯

式爲兵符形似虎，意寓炳文濟其武。坡云磨甕可供書，奚必陶泓稡爾許。

宋澄泥虎符硯説

硯高四寸六分許，上寬二寸四分，下寬二寸七分，厚一寸五分許。赤色堅潤，亦宋澄泥製，體式正同，惟虎首兩耳尖而旁出，後兩足微仰而出爪。通體有蟠夔紋，中稍剥蝕。腰以下重帶旋紋。蓋内鐫『翕此虎符式，鳳咮失景采』十字，篆書，無款。硯面中束如壺盧。墨池亦作太極圖上方爲墨池。硯背刻爲井字，中圓如井欄。左側底蓋合縫處鐫銘十九字，篆書，無款。匣蓋鐫御題銘與硯同，隸書，鈐寶一：曰會心不遠。

御製宋澄泥石函硯銘

絳州泥，誰爲澄。端溪石，誰爲形。泥而石，非所料。石而泥，非所較。一而二，二而一。水爲入，墨爲出。背畫井，思復古也。面磨凹，不可補也。經世修身，宜思何以自處也。

無名人銘：鼎逌井，焱何極。青霞流，貯菖液。靈威小兒在汝側。

宋澄泥石函硯説

硯正方，爲斗檢式。厚一寸四分，面縱横各二寸七分，底縱横各三寸三分。宋時澄泥製。剖爲石函，上下自然渾合。下函爲硯，受墨處正平，上方斜入墨池，約深二分許。上函爲蓋面，有剥蝕痕，鐫『石函』二字，篆書。蓋内鐫御題銘一首，楷書，鈐寶一：曰德充符。左側上下函合縫處鐫銘十九字，篆書。下函右側有『原博』二字方印一。下函背刻作井字形，中圓如井口。是硯質細而潤，製作亦古，與前石函硯式相仿。惟此銘内『肱』字、『我』字，彼作『小』字、『汝』字，稍異耳，亦不署名，不知何人作。原博係明吴寬字，想曾經鑒用者。匣蓋鐫御題銘與硯同，隸書，鈐寶一：曰幾暇怡情。

御製宋澄泥石函硯銘

石函同舊，具體而微。銘辭復同，孰辨是非。乾坤闔闢，無縫天衣。泥而成石，殊途同歸。文以載道，事在人爲。

無名人銘：鼎逌井，焱何極。青霞流，貯昌液。靈威肱兒在我側。

濤』二字，俱隸書。外鐫標識曰『庚』，楷書。

御製宋翠濤硯銘

剛而柔，翠欲流，用以敷言萬春秋。

宋方井硯説

硯高八寸四分，寬五寸五分，厚一寸。宋澄泥製。周刻溝塍，面爲井字，中平如畦。墨池深廣，容墨勺許。池間刻臥牛二，神態宛然。上方側鐫『宋硯』二字，右側鐫『方井』二字，並隸書。周側及趺，古痕駁蝕，墨華斑斕。高似孫《硯牋》所云玉色金聲者，庶幾近之。硯背鐫御題銘一首，行書，鈐寶二：曰乾，隆。匣蓋鐫御題銘與硯同，行書，鈐寶二：曰得佳趣，曰乾隆宸翰。匣底内鐫『方井』二字，隸書。鈐寶一：曰乾隆御玩。外鐫標識曰『壬』，楷書。

御製宋方井硯銘

洌寒泉，潤嘉穎。立體於静，福田斯永。養而不窮者，井也。

第四冊　陶之屬

宋澄泥海嶽硯說

硯高六寸四分，寬四寸二分，厚八分。澄泥爲之。體輕理緻，潤密如玉，色黄而黝。受墨處深一分，横界金線一道，墨池深三分許，池中琢眠犀一。硯背剥蝕。右旁下鐫楷書『海嶽』二字。硯側周鐫御題詩一首，楷書，鈐寶二：曰比德，曰朗潤。匣蓋並鐫是詩，鈐寶二：曰會心不遠，曰德充符。

御製題宋澄泥海嶽硯

出陶雖非未央瓦，亦自七百年上下。視之如石黝而赭，持輕呵潤真泥也。澄於絳縣紗囊者，化脆爲堅信神冶。海嶽菴中老顛把，書畫超凡似誠寡。何來文房佐儒雅，用緬伊人率欲捨。

宋澄泥括囊硯說

硯高二寸五分，上寬一寸二分，下寬一寸七分，厚三分許。澄泥宋製。墨鏽膠固。受墨處連墨池爲囊式，背刻作囊口，斂處反折，索陶束之，有括囊之義。側面周鐫御題銘一首，楷書，鈐寶一：曰古香。匣蓋並鐫是銘，隸書，鈐寶二：曰古香，曰太璞，中受墨處平坦細潤，圭首刻三星

宋澄泥圭硯説

硯高五寸，寬三寸，厚六分。澄泥爲之。面背皆刻圭形，質製古樸，側裏黄黑，文層疊蓋，陶鍊精工所致。四旁剥蝕。中受墨處平坦細潤，圭首刻三星聯珠，硯池深五分，硯側上鐫『宋澄泥圭硯』五字，楷書。餘三面鐫御題銘一首，楷書。鈐寶一：曰德充符。上刻瓛文，中爲雙璜，下爲玄武，皆自然渾璞，非近時製作所能。匣蓋鐫御題銘與硯同，鈐寶二：曰幾暇怡情，曰得佳趣。匣底内鐫乾隆御玩』四字，下鐫『宋澄泥圭硯』五字，俱隸書。

御製宋澄泥圭硯銘

厥形圭錫，夏祥厥首，黻繡虞裳。墨池雲起玄武藏，珠聯璧合宜文章。

宋澄泥石渠硯説

硯高四寸五分，寬二寸九分，厚一寸三分。宋澄泥製。長方式。色紫而細，體輕而澤。硯面周刻石渠爲墨池，墨鏽深裹。邊周刻臥蠶紋。側面左右各印螭虎二，上下各印螭虎一。跗爲象首抱硯，離几四分許。覆手窪下，凡二層。中鐫御題詩一首，楷書，鈐寶二：曰古香，曰太璞。匣蓋並鐫是詩，隸書，鈐寶二：曰幾暇怡情，曰得佳趣。

御製題宋澄泥石渠硯

石渠本效漢名爲，滴露研朱此合宜。不必劉揚徵往事，可知庾許有新詞。劃金早是泯陳跡，刻獸亦非出近時。曾傍宣和工字畫，如何獨昧作君師。

兩面顛倒，皆可受墨。通體墨鏽深裹，剥落刓缺，決非南宋以後物。側面周鐫御題銘一首，楷書，鈐寶二：曰幾暇臨池。匣蓋並鐫是銘，隸書，鈐寶二：曰會心不遠，曰德充符。

御製宋澄泥蟠螭硯銘

囊汾水之土乎，規南皮之瓦乎，是何質堅而色古乎。扣之鏗然，如戛金石，其徐韻悠揚，又如琴瑟之搏拊乎。蟠以文螭，有若蛟龍之興雲雨乎。研乎研乎，供奉懋勤，涣汗其大號，涣王居庶幾無咎乎。

宋澄泥夔紋硯説

硯高四寸六分，寬三寸八分，厚八分。澄泥爲之。長方式。受墨處寬平，斜通墨池。邊刻夔紋。右角及邊微泐。覆手上淺下深。中鐫御題銘一首，楷書，鈐寶二：曰會心不遠，曰德充符。是硯黄色細潤，夔紋古雅，的係宋時舊製。匣蓋鐫御題銘與硯同，隸書，鈐寶二：曰幾暇怡情，曰得佳趣。

御製宋澄泥夔紋硯銘

撫如石，呵生津，黄其色，夔其文。夔者，夔也。吾因以緬舜命，教冑子之爲也。

宋澄泥直方硯説

硯高五寸四分，寬三寸二分，厚一寸。宋澄泥製。色黝而紫，堅潤如老坑端石。硯面微黄。墨池深廣。覆手自上削下，離几五分許。中鐫御

第五册　陶之屬

宋澄泥璧水硯説

硯圓徑二寸六分，厚三分許。宋澄泥製。受墨處微凹，規圓如璧，環以墨池。硯背正平，鐫御題銘一首，楷書，鈐寶二：曰會心不遠，曰德充符。是硯圍不及尺，而質細且潤，宜筆蓄墨，最便濡染，洵稱小品中之佳者。匣蓋鐫御題銘與硯同，隸書，鈐寶一：曰德充符。

御製宋澄泥璧水硯銘

圍不逾尺，文房小品。陶自趙宋，經幾百稔。璧池鐵鏽，醉乎墨瀋。藺版蠅頭，宜臨玉枕。

宋澄泥列錢硯説

硯高三寸八分，寬二寸三分，厚五分。澄泥爲之。長方式。遍裹青緑砂斑，如古鼎彝。惟受墨處橢圓，三寸許，露澄泥本質，色正黄。邊上方流雲紋隱現。覆手粘古錢三，一大二微小，入土融漬，彌形古藻。下方側鐫御題詩一首，楷書，鈐寶二：曰乾，隆。匣蓋並鐫是詩，隸書，鈐寶二：曰比德，曰朗潤。

御製題宋澄泥仿建安瓦鐘硯

泥也而金若鑄成，宋䪫齊鏄莫傳名。摛文設擬洪鐘響，欲問伊誰爲發鯨。

宋澄泥仿唐石渠硯説

硯高四寸一分，寬如之，厚一寸。澄泥製。四周石渠深三分，外斗而內側。上方墨池，較渠深三分許。邊周刻黻文，間以水波。側面亦周布波紋，每面各刻螭虎二。覆手深四分許，作兩層。外邊周刻水藻紋。內周鐫御題銘一首，楷書，鈐寶一：曰會心不遠。中鐫『子孫永昌』四字方印一。四趺刻獸面抱硯，離几二分許。是硯式仿唐製澄泥，亦紫色細潤，惟閱年較近，青綠漬蝕處稍遜其古厚，然亦非宋以後所能及。匣蓋鐫御題銘與硯同，隸書，鈐寶二：曰幾暇怡情，曰得佳趣。

御製宋澄泥倣唐石渠硯銘

漢之名，唐之式，宋之倣，三而一。潤出堅，文入質，物聚好，來不翼。居其北，增惕息。

宋澄泥海濤異獸硯説

硯高五寸八分，寬三寸八分，厚一寸四分。宋澄泥製。色赤而潤，遍裹墨鏽。邊周刻海水。墨池波濤坌起。中有異獸一。趺亦周刻海水。覆手深三寸許，海波盪漾。上方左異獸出沒。中刻贔屭負碑，半出水外。下方側鐫御題詩一首，楷書，鈐寶二：曰比德，曰朗潤。匣蓋並鐫是詩，隸書，鈐寶二：曰幾暇怡情，曰得佳趣。

元趙孟頫遊息之所。故是硯孟頫以之署款，伯生同時復加品題。留三道人雖未詳其名氏，要與明項元汴子京俱經收藏者，雪泥鴻爪，獲藉是硯以不朽，詎非幸歟！匣蓋鐫御題詩與硯同，隸書，鈐寶二：曰比德，曰朗潤。底鐫寶一：曰乾隆御玩。

御製題元虞集澄泉結翠硯

絳紗漉取歷陶甄，泥也而今較石堅。通奉信稱能體物，溯源結翠到澄泉。

元澄泥龍珠硯説

硯高四寸八分，寬三寸三分，厚一寸二分。澄泥製。通體刻作蟠龍。受墨處正圓，若龍抱珠。墨池正當龍口，鱗甲之而勢含風雨。左側鐫御題銘一首，楷書，鈐寶二：曰乾，隆。硯背爲龍腹，鐫銘十六字，内缺一字，款署『魯宣』二字，俱篆書。右旁瓢印一：曰仲圭。下方刓缺寸許。匣蓋鐫御題銘與硯同，楷書，鈐寶一：曰幾暇怡情。臨池匣底内鐫『元硯』二字，楷書，鈐寶一：曰乾隆御玩。外鐫銘文二十四字，署款曰『唐子西研銘康熙著雍敦祥端凝殿珍襲』十六字，俱楷書，鈐寶一：曰崇文清玩。查魯宣，無考。元吳鎮，字仲圭，善書畫，硯蓋其所寶者。著雍敦祥爲康熙十七年歲次戊午。是硯自元至國朝四百餘年，流傳内府，品題珍襲，迄今又屆百年。恭頌墨華時雨之銘，益仰聖澤相承，入人深厚，不獨爲斯硯慶遭逢也。

御製元澄泥龍珠硯銘

墨華吐，沛時雨。

魯宣銘：乾魁至文，陰陽既分。爰此龍闕，曰美斯聞。

第六册　陶之屬

明製瓦硯説

硯高九寸許，寬七寸二分。穹起如瓦，離几一寸七分許。陶土爲之。硯面削平爲受墨處，縱五寸五分，廣三寸九分。上方墨池如仰瓦，深二分許。旁多駁落。右方鐫御題詩一首，楷書，鈐寶二：曰會心不遠，曰德充符。左方鐫臣于敏中、臣梁國治、臣王杰、臣董誥、臣金士松、臣陳孝泳詩銘各一首。硯背鐫銘三十二字，末署『萬曆四十二年冬月，一邱居士宫巍然言並造』十八字款，並行書。巍然爵里無考。是硯雖係仿瓦式爲硯，非若未央銅雀流傳之古，而自明迄今已閲二百餘歲，久弆内庫，一經天題拂拭，用佐文房，蓋不勝爲是硯慶遭逢云。匣蓋内鐫御題詩與硯同，隸書，鈐寶二：曰比德，曰朗潤。

御製題明製瓦硯

内府庫藏分典守，各司存不相授受。偶搜所弆舊陶泓，復得三十皆瓊玖。或端溪舊或澄泥，乃識天家何不有。此瓦雖非漢唐宋，亦二百年用以久。質堅製古與墨宜，佐我文房之四友。一以惕是召公言，一以慙非坡翁手。翁於二猶以爲多，題此紛呈徒自醜。

明宫巍然銘：河濱有土，陶之精瑩。作爲研瓦，以佐文明。千古晝數，一腹之中。磨以世計，惟鈍之功。萬曆四十二年冬月一邱居士宫巍然言並造。

曰德充符。

御製題舊澄泥卷荷硯

荷葉卷爲承露盤，松煤研處溢文瀾。筆非秋設擬其挾，影落蟾蜍在廣寒。

舊澄泥玉堂硯説

硯高四寸三分，寬二寸七分，厚五分。玉堂式，舊澄泥爲之。色黄而澤。墨池深四分許。上方側鐫『澄泥硯』三字，楷書。覆手上下俱有鐵花。中鐫御製銘一首，楷書，鈐寶二：曰古香，曰太璞。匣蓋内並鐫是銘，隸書，鈐寶二：曰比德，曰朗潤。底内鐫『乾隆御用』四字，外鐫『澄泥硯』三字，俱隸書。謹案：是硯常侍翰筵，臣等敬觀受墨處窪圓如錢，仰惟我皇上筆法天縱，超妙入神，而萬幾餘暇，寄與臨池。伏讀御製硯銘，益徵天行之健，彌綸無間云。

御製舊澄泥玉堂硯銘

欲善其事，先利其器。卌年始用，澄泥習字。曰實跡乎，斯亦有義。初緣弗知，茲知乃試。偶命求之，不胜而至。汾水之泥，墨池之製。色古質潤，體輕理緻。比玉受墨，較石宜筆。臨池雖助，書法實愧。更予戒哉，玩物喪志。

舊澄泥玉堂硯説

硯高六寸六分，寬四寸一分，厚一寸三分。澄泥製。色黄體輕，極爲細膩。墨池深廣，鏽痕瑩潰。覆手從上削下，直勒兩跗，離几一寸許。玉堂舊式也。

御製舊澄泥伏犀硯銘

陶汾泥兮略異鄴侯造，無吕字兮知成宋代趙。同爲舊兮底較年多少，刻伏犀兮噴薄墨池表。鑑千古兮奚藉燃以照，静爲用兮永年光則葆。

舊澄泥鐘硯説

硯高六寸，上寬三寸，下寬四寸八分。爲鐘式，蒲牢鈕。高八分，厚不及寸。舊澄泥製，質極輕緻。上方爲墨池，深廣可蓄瀋，下受墨處亦甚寬平。覆手上平下削，兩跗離几七分許。上方平處鐫御題詩一首，楷書，鈐寶二：曰比德，曰朗潤。匣蓋並鐫是詩，隸書，鈐寶一：曰得佳趣。下斜印『東魯柘硯』四字條記，篆書。按：東魯柘硯，無考，或爲魯人名柘者所製，未敢臆斷也。匣蓋鐫御題詩與硯同，隸書，鈐寶一：曰得佳趣。

御製題舊澄泥鐘硯

模削誰成几上賓，洪鐘作式出陶均。設如洞理文流響，七召疇爲待扣人。

舊澄泥四直硯説

硯高九寸二分，寬五寸五分，厚一寸四分。澄泥爲之。色黄而黝。受墨處界勒平直，墨池深廣環博，墨鏽深透，聚瀋多而宜筆，便於擘窠大書。覆手鐫御題銘一首，楷書，鈐寶二：曰乾隆宸翰，曰惟精惟一。匣蓋並鐫是銘，隸書，鈐寶二：曰乾，隆。案：澄泥舊製，埏埴精良者，每以小品見珍。内府所藏如石函、蕉葉、夔紋等硯，大皆僅逾五寸。是硯磅礴盈尺，而陶煉彌精，尤不易得。

第七册　石之屬

晉王廞璧水暖閣硯説

硯圓如璧，外環以渠，徑五寸八分，厚一寸五分。旁綴獸面銅環二，直透硯背，堅質古樸。上方側面自左至右鐫御題詩一首，行書，鈐寶二：曰幾暇怡情，曰得佳趣。下方側面自右至左鐫銘二十四字，署款曰『晉琅琊王廞銘』六字，後有『會昌五年賜中書德裕』九字，皆篆書。硯形如覆釜，背鐫銘三十二字，署款曰『紹興卅年，臣虞允文奉旨勒銘』十二字，亦俱篆書，『卅』字微刓缺不可辨。考《晉書》，王廞官至司徒左長史，於羲之爲群從行，亦能書。今淳化閣所載《告誘静媛帖》，即其書跡。唐李德裕以武宗會昌元年同平章事，四年加太尉賜爵衛國公，至宣宗大中元年罷政分司。此云五年，正德裕在中書時所受賜也。宋高宗紀元建炎五年，改元紹興三十二年，虞允文以紹興二十三年登進士第，除秘書丞，累遷禮部郎，三十年十月借工部尚書充賀正使，使還除中書舍人直學士院。奉勑作銘，當在允文未出使時。刓處爲卅字無疑。是硯質理滋潤，絶類端石。考宋李之彦《硯譜》載會稽老叟云，是右軍之後持一硯，色正赤不減端石。又晉傅休奕《硯賦》云：採陰山之潛璞，簡衆材之攸宜。節方圓以定形，鍛金鐵而爲池。竊意端溪巖石，雖自唐著名，晉魏以前必已有取爲硯材者，而圓池銅耳，亦與休奕賦語相合，想見晉時舊製如此也。硯爲内府所藏，向陳乾清宫西暖閣几上。匣蓋内鐫御題詩與硯同，鈐寶二：曰乾隆御賞，曰幾暇怡情。匣底上鐫『晉硯』二字，楷書，下鈐寶一：曰乾隆御玩。

御製題晉玉瀾堂硯

撫不留手呵流汁，玉蘭堂中曾什襲。尚傳雍國舊文房，分紹管城友子墨。感深合浦見珠還，翊我馳驅三十年。沙塵灰燼幸埋没，未入陳通返棹船。離兮何戚合何喜，即今此研豈虞氏。臨池徒憶晉人言，後今與昔同一視。遐思當日非承平，會稽棲處胡爲情。淬妃有靈設相問，道娩文家玉帶生。

虞允文識語：此晉研也，翊我驅馳三十年矣，毁於陳通之亂。五年忽得於灰燼中，幸也。復製之，其伴我餘齡。雖曰珠還，聊慰玉碎之感已耳。

唐褚遂良端溪石渠硯説

硯高三寸九分，寬四寸二分，厚二寸二分。端溪石爲之。受墨處微凹，周環以渠，深二分許，廣三分。上方墨池較渠深半分，廣倍之。墨鏞厚裹，四邊俱有剥蝕。左右側面綴獸面二，各銜銅環一，釘透覆手。下方側面鐫御題詩一首，楷書，鈐寶二：曰比德，曰朗潤。趺四角抱處各刻神羊首一，覆手深幾寸。内鐫銘二十九字，下署『遂良銘』三字，俱篆書。是硯較内府唐石渠硯體式正同，雖雕鏤青緑微遜，而渾璞彌佳，且經登善寶用，足爲墨林增重。匣蓋鐫御題詩與硯同，隸書，鈐寶二：曰乾隆宸翰，曰惟精惟一。

御製題唐褚遂良端溪石渠硯

下巖端石尚貽唐，況是曾賓褚遂良。摹古可臨蘭亭帖，憂讒或草愛州章。淑躬克踐潤爲德，持己無愆式以方。獨笑咸亨竟昏懦，那思執手付文皇。

褚遂良銘：潤比德，式以方。繞玉池，注天潢。永年寶之斯爲良。

唐觀象硯説

硯八棱，棱徑五寸二分，高不及五寸，寬五寸有奇，厚九分。兩棱旁綴獸面銅耳二。右微刓。端州石，色白而潤，中帶火捺紋。墨池深二分下方兩足間粘五銖錢二枚。考歙溪龍尾石，唐開元中始採爲硯，至南唐元宗時歙守以充歲貢。是硯受墨處黑質，金星黯然油然，通體結成硃砂斑，微間青緑，如古尊彝。盛唐舊製，非宋元以後龍尾羅紋所能彷彿也。匣蓋鐫御題銘與硯同，鈐寶一：曰乾隆宸翰。上方鈐寶一：曰乾隆。内鐫『唐硯』二字，隸書。匣底内鐫『蔆鏡』二字，隸書，鈐寶一：曰乾隆御玩。外鐫標識曰『乙』，楷書。

御製唐蔆鏡硯銘

因文見道，爾光用葆。

宋宣和梁苑雕龍硯説

硯高六寸，寬三寸，厚一寸六分。宋舊坑端石也。受墨處正平，外上、左、右三方環爲墨池。邊刻四龍，升降各二，抱珠，珠即上下兩眼爲之。硯首穹起爲波紋十層。鑿圓竅一，豎爲碑形，環竅圓處鐫銘十二字。下方側面準硯首圓處式鐫銘十二字，與上合爲一首，俱篆書。覆手四面斜削爲跗。中鐫『龍德膺符』四字，楷書。硯貯以古漆匣，匣蓋鐫『梁苑雕龍研池』六字，篆書，俱無名款。右側鐫御題詩一首，隸書，鈐寶二：曰古香，曰太璞。左側鐫臣于敏中、臣王際華識語一百二十一字並款，俱隸書。考宋都汴京，即古梁苑也。史稱徽宗初封端王，踐阼後以潛邸爲龍德宫。硯署『龍德膺符』四字，疑端邸故物，即位後鐫此以彰符應。是硯石質純紫，而有翡翠。篆文古穆，所鐫『龍德膺符』四字，尤有虞監《廟堂碑》筆意。漆匣斷處隱隱作蛇腹紋，非閲數百年物不能如此。今經御鑒定爲宣和舊製，被以天章，標剛中以惕君臨，戒僉壬以申殷鑒，即物垂訓，真足爲萬世帝王大法。外匣蓋並鐫御題詩與硯同，隸書，鈐寶二：曰得佳趣，曰幾暇怡情。下方側面鐫臣于敏中、臣王際華，左側鐫臣梁國治、臣王杰、臣彭元端，上方鐫臣董誥、臣曹文埴，右側鐫臣沈初、臣金士松、臣陳孝泳詩各一首，俱楷書。

臣沈初詩：宣和遺製墨華沉，一硯空沿歲月深。藝府古光生几案，宸題大義切銘箴。汴京失鹿鑒於後，梁苑雕龍考自今。從此弆藏成寶器，千秋垂戒指堪尋。

臣金士松詩：宸題寓物即垂箴，樹藝宏深見道心。石不能言堪古鑒，龍之爲象在君臨。潛藩梁苑文章客，御宇宣和翰墨林。一自聖人鐫戒語，摩挲片研重兼金。

臣陳孝泳詩：宣和觚翰比球琛，寶硯留傳閱曩今。魯注金壺供點染，幸歸壁府得披尋。靈文綴藻青花活，噓氣成雲紫暈深。睿賞偶吟必提要，興觀義炳合銘箴。

宋宣和海珠硯說

硯高七寸許，橢圓式。寬五寸一分，厚二寸許，老坑端石，紫而潤。周刻海水，左上方活眼一，就刻作珠，四龍旋繞之而隱現，勢極生動。覆手深寸許，中鐫『宣和之寶』四字，隸書。左鐫御題詩一首，楷書，鈐寶二：曰會心不遠，曰德充符。匣蓋並鐫是詩，隸書，鈐寶二：曰乾、隆。

御製題宋宣和海珠硯

活眼因之斵作珠，宣和寶用瘦金摹。緯蕭一守猶欲猳，刻四龍餘深意乎。

宋宣和洗象硯說

硯高五寸九分許，寬五寸六分，厚一寸二分。宋坑端石。色如豬肝，硯面正方。中刻象形，象首左顧，以象身爲受墨處。右上方有眼一如日，下刻慶雲護之。左右皆刻流雲，下方水紋瀲灩。右有象奴蹲水中作力洗象，水中泛蓮花二。覆手作兩層，中鐫『宣和至寶』四字，左有『自爾造』

第八册　石之屬

宋宣和八卦十二辰硯説

硯高六寸七分，寬四寸三分，厚一寸九分。宋老坑端石。色如豬肝。硯面左角缺。受墨處深凹，墨池作圭首式。硯首鐫『宣和』二字，『和』字缺落不全。左右銘十六字，漫漶過半。存者右『中之華温潤清』六字，下一字似是『和』字而不全；左『無涯』二字，『涯』字水旁亦缺，俱篆書。側面周刻《八蠻底貢圖》，人物意態俱生動，亦多駁落。覆手四角俱缺，中爲連錢二，上環刻八卦，下環刻『子丑寅卯辰巳午未申酉戌亥』十二字，楷書。外周鐫御題詩一首，楷書，鈐寶一：曰比德。匣蓋並鐫是詩，隸書，鈐寶二：曰比德，曰朗潤。

御製題宋宣和八卦十二辰硯

端溪紫石出舊坑，宣和製作樸且精。歷遭兵燹致殘缺，猶存面背呵甲丁。面匡可辨者八字，背刻八卦十二辰。圍鐫八蠻脩職貢，爾時君臣翊豐亨。淬妃有靈醜其事，現身此示敗與成。現身此示敗與成，不遠殷鑒言堪驚。

宋宣和八柱硯説

硯高四寸五分，寬二寸六分許，厚如之。端溪老坑石。面正平。硯首墨池寬僅二分許，深亦如之。左側鐫御題銘一首，隸書，鈐寶二：曰比德，

宋蘇軾石渠硯説

硯高三寸六分，寬三寸五分，厚一寸七分。宋端石爲之。中受墨處環以墨池，邊周刻流雲。左右側面鐫宋蘇軾銘四十八字，後署『元豐壬戌之春東坡題』九字款，俱行書。覆手凹下爲兩層，與硯面式相應。中鐫御題銘一首，楷書，鈐寶一：曰朗潤。匣蓋並鐫是銘，行書，鈐寶一：曰幾暇怡情。匣底鐫寶一：曰乾隆御玩。

御製宋徽宗蘇軾石渠硯銘

永貞用六方象坤，環以璧水無竭源。躁静戾聽性質温，真硯不壞聞云云。呼之欲出其人存。

宋蘇軾銘：彤池紫淵，出日所浴。蒸爲赤霓，以貫暘谷。是生斯珍，非石非玉。因材制用，璧水環復。耕予中洲，蓺我元粟。投粒則獲，不炊而熟。

宋蘇軾結繩硯説

硯高四寸九分，寬二寸一分，厚五分。宋老坑端石。紫色黯然，墨光瑩潤。硯面周刻綯紋，綰結再重。上方結處爲墨池。入土年久，與銅器融粘，青緑斑駁可愛。左側鐫御題銘一首，楷書，鈐寶二：曰古香，曰太璞。下有『軾』一字款。覆手内鐫蘇軾識語九十七字，署『東坡居士識』款五字，俱行書。匣蓋外鐫御題銘與硯同，鈐寶二：曰乾隆御賞，曰幾暇怡情。内嵌銀『項子京家珍藏』長方印一。匣底鐫寶一：曰乾隆御玩。

御製宋蘇軾結繩硯銘

抽思騁詞，惟默可守。碧落銀潢，與此爲偶。以静爲用，是以永壽。管子墨侯，斯乃三益之友。

御製題宋蘇軾端石硯

坡翁兩字背鐫深，豈往端溪客所尋。此老當時真手用，果然不壞到於今。

宋蘇軾從星硯說

硯高五寸，寬二寸八分，厚一寸八分。宋端溪梅花坑石。色淡白而微黃。墨池一眼凸起如月，流雲擁之。左側鐫宋蘇軾銘十二字，後有『軾』一字款，俱行書。下有『子瞻』二字方印一。上方側鐫御題詩一首，隸書，鈐寶二：曰比德，曰朗潤。覆手列柱幾七十，柱各有眼如散星，俱不圓暈，而黃稍遜水阬，而製作確係宋代。匣蓋正面鐫御題詩與硯同，鈐寶二：曰幾暇怡情，曰得佳趣。下方側鐫臣于敏中，左側鐫臣梁國治、臣沈初、臣彭元瑞，上方側鐫臣董誥，右側鐫臣劉墉、臣金士松、臣陳孝泳詩各一首，俱楷書。

御製題宋蘇軾從星硯

天池一月印，空宇衆星攢。爝火寧相比，陶泓永得完。依然北朝宋，真出老坑端。清伴文房暇，摛辭愜染翰。

宋蘇軾從星硯銘：月之從星，時則風雨。汪洋翰墨，將此是似。黑雲浮空，漫不見天。風起雲移，星月凜然。

臣于敏中詩：端溪蕉葉淡初舒，潤助精良玉不如。橫理截雲諳宋製，右銘從月辨坡書。世循紀甲徵非近，柱擬周星數有餘。清暇摛毫探理窟，還勝挹水借方諸。

臣梁國治詩：秀韻此天成，端然古澤瑩。從星知有好，對月驗哉生。翰墨緣堪結，烟雲勢尚縈。重題七百載，占歲正文明。

臣沈初詩：遊藝珍山骨，涵精出水巖。製存北宋古，銘辨老坡嵌。矗柱看星聚，窪池得月銜。天章垂炳煥，光彩發雕函。

臣張照識語：澁不留筆，滑不拒墨。瓜膚而縠理，金聲而玉德。東坡龍尾硯銘也。端溪紫肝北宋已罕，遂尚歙石，今若此者亦不易致矣。

宋晁補之玉堂硯説

硯高五寸一分，寬三寸一分，厚七分。宋老坑端石。色黝而質堅，通體俱有剥蝕。墨池寬平，較受墨處微狹，旁及上方刻四螭内向。覆手兩旁自上削下爲兩跗，離几四分許。中鐫銘二十二字，下有『補之』二字款，俱篆書。上方側鐫御題詩一首，楷書，鈐寶一：曰古香。匣蓋並鐫是詩，隸書，鈐寶一：曰幾暇怡情。案：宋晁補之，字無咎，舉進士，元祐初召試館閣，授秘書郎，以秘閣校理出通判揚州，兼善書畫。是硯蓋其所染翰者。匣蓋鐫御題詩與硯同，隸書，鈐寶一：曰幾暇怡情。

御題製宋晁補之玉堂硯

銘背依然存補之，用當秘閣校書時。堅如石尚有剥蝕，未若石堅者可思。

宋晁補之銘：端之堀，惟玉質。厲以立我，温以與物。故用不既，如自泉出。

第九册　石之屬

宋米芾遠岫奇峰硯説

硯高五寸，寬七寸，厚一寸二分。宋坑艧村石。色黄而黝，質理堅緻。天然兩峰，賓主拱揖，而左峰特聳秀，石峰下平微凹，爲受墨處。峰腰大小巖竇五爲硯池，有洩雲決雨之勢。峰頂鐫篆書『天然』二字。左峰峭壁上刻『遠岫奇峰』隸書四字。峰右坡陀刻行草『子昂藏』三字。峰脚直插水穴，穴上有篆書『可泉』二字。兩峰間平處鐫御題詩一首，鈐寶二：曰太，璞。左峰上方側面鐫御題詩一首，鈐寶二：曰古，香。左峰左側面鐫御題詩一首，鈐寶二：曰太，璞，並隸書。硯背天然皴皺，有黄鶴山樵筆意，横鐫『寶晋齋』三字，篆書。左鐫『米芾』二字，行書。蓋是硯爲米芾所製，又爲趙孟頫寶藏，流傳六百餘年，復邀睿賞，希世之珍，洵有神物呵護之，不爲風雨所剥蝕耳。硯匣蓋裏鐫御題詩一首，鈐寶二：曰幾暇怡情，曰得佳趣。蓋面左鐫御題詩一首，鈐寶二：曰乾，隆。右鐫御題詩一首，鈐寶一：曰太璞，俱隸書。

御製米芾遠岫奇峰硯歌

兩山左右賓主分，天然景無斧鑿痕。遠岫奇峰足辨文，面刻『天然』『遠岫奇峰』『可泉』等字。下有可泉際渚濆。寶晋松雪齋中賓，背刻『寶晋齋』『米芾』，傍刻『子昂藏』字，蓋皆經珍用。質古蓋出宋艧村。不知何時入暢春，所司舊物呈覽陳。爲之刮垢拂翳塵，綈几光耀席上珍。卌載棄置嗟沉淪，

臨池曾供御用。我皇上法祖繩武，游藝入神，家法敬承，超唐軼晋，即一硯而崇文示儉之旨三致意焉。臣等捧觀静誦，不特爲斯石慶遭逢矣。硯匣鎸御題詩與硯同，鈐寶二：曰會心不遠，曰德充符。側面週鎸臣于敏中、臣梁國治、臣周煌、臣嵩貴、臣劉墉、臣申甫詩各一首，是歲諸臣俱扈從熱河，奉勅恭賦。

御製題宋米芾蘭亭硯

物殊顯晦各有時，晦藏顯出誰使其。穆然宋硯古色披，猶是老坑出端溪。蘭亭圖畫前序辭，精鎸四面筆法奇。宣和紹興璽識遺，後有米芾小印施。或即顛翁手所爲，山莊散置今見之。是誠寶也逾珣琪，康熙舊册還可稽。綈几曾用供臨池，弗愛彝鼎惟愛斯。崇文並與示儉垂，生敬生愧心自知。

臣于敏中詩：端溪舊劚紫腴鮮，陶淬流傳七百年。寶露研曾沾手澤，墨雲滃之助言泉。蘭亭左右圖兼序，芝篆方圓紹次宣。海嶽至今陳跡顯，山莊銘就佐文筵。

臣梁國治詩：盈尺端溪潤，千春古墨香。生雲同袖石，揮翰想流觴。款自宣和舊，名因寶晋藏。至今涵聖澤，潛璞又重光。

臣周煌詩：古研留珍館，斯文勒永和。崇山真並壽，曲水向生波。聖有臨池賞，亭猶灑翰過。睿情懷手澤，題識更如何。

臣嵩貴詩：紫英寶氣不教淪，拂拭天題與勒珉。已沐雲莊仙藻潤，更承文露墨池新。流觴略倣山陰勝，拜石曾傳海嶽珍。片玉祇應歸壁府，虹光什襲護龍賓。

臣劉墉詩：拂拭瓊瑶潤，追尋翰墨腴。事惟脩禊遠，跡似米顛摹。舊賞山莊秘，新題御藻敷。右文昭儉德，撫器仰鴻模。

臣申甫詩：石藴三巖秀，鎸題趙宋年。遥傳右軍蹟，曾載米家船。拂拭形彌古，研磨性本堅。山莊留法物，珍賞紀瑶編。

宋米芾蝨斯瓜瓞硯説

硯高六寸許，上寬三寸九分，下微斂，厚約八分許。下巖端石，質細而潤。兩面刻作瓜葉，藤蔓縈繞葉間，平坦爲受墨處，中有火捺紋，隱隱如葉縷。

池中有浮鵝二，右方爲小亭一，池上跨橋二。下方平處微窪爲受墨處。雀斑密灑如漱金，周圍雲峰草樹，掩映生動。側面雜刻山水竹樹，四十二賢行立坐卧，意態閒曠。與宋绿端石蘭亭硯同工，而彼淺雕深秀，此則陽文隱起，刻畫圓勁，其爲宋人舊製無疑。覆手深一寸二分許。周刻流觴曲水。中爲蕉葉式，鐫王羲之《蘭亭序》，楷書，末有『薛道祖書』四字款，隸書。其下有『古杭朱欣』及『弘文之印』方印二。跗周鐫御題詩一首，楷書，鈐寶一：曰德充符。匣蓋並鐫是詩，亦楷書，鈐寶二：曰會心不遠，曰德充符。考宋薛紹彭，字道祖，書法晋唐，絶不作側筆惡態。米芾《書史》云：世言『米薛』或『薛米』，猶言『弟兄』與『兄弟』。蓋言與紹彭以書畫情好相同也。是硯覆手所刻，楷法古勁，蓋即紹彭自書。鑒藏者朱欣，無考，當亦流傳收藏之家所署。

御製題宋薛紹彭蘭亭硯

薛米由來弟與兄，襄陽惟是意爲傾。绿端恰寫蘭亭景，凹背還鐫禊帖成。知古法仍兼畫趣，袪時態早契書評。即看墨沼蒼雲潤，欲出呼之聚有精。

宋楊時金星歙石硯説

硯高八寸八分，寬五寸四分，厚一寸五分。宋坑歙溪石。質細而黝，遍體金星。硯面寬平，墨池深廣，墨鏽亦濃厚。其爲宋時舊製無疑。覆手自上削下，兩跌離几六分許。中鐫『宣和五年五月五日，帝召邇英殿説書，賜此硯，其後子孫世守之』二十五字，末有『楊時識』三字，俱篆書。上方側鐫御題詩一首，楷書，鈐寶二：曰會心不遠，曰德充符。匣蓋並鐫是詩隸書，鈐寶二：曰乾，隆。考《宋史》，楊時，字中立，熙寧九年中進士第。師河南程顥兄弟，學者稱爲龜山先生。宣和初以薦召爲邇英殿説書，賜硯當在其時也。

御製題宋楊時金星歙石硯

金星佳品訪於錢，賜識宣和之五年。宋殿説書忠實殫，程門立雪學真傳。道南羅李明承派，議北童梁直斥奸。内聖外王原不二，吾於斯也兩茫然。

御製宋吴儆井田硯銘

硯學井田，牛臥田邊。豈有心乎復古，抑喘月乎略間。竹洲曾用，天籟藏焉。玩題識之宛在，悟由今視昔而憬然。吾獨惜夫耕硯田者，缺二䎘以守殘編。

宋吴儆銘：謂石爾銘，不石爾畊。牛兮努力，我田是服。

宋文天祥玉帶生硯説

硯高五寸許，寬一寸七分，厚如之，形長而圓。舊端溪子石也。下硯面三分許，周界石脈一道，瑩白如帶。墨池上高寸許，鐫『玉帶生』三字，篆書。側面石脈下周鐫宋文天祥銘三十八字，末署『廬陵文天祥製』六字款，俱篆書。下鐫御題銘一首，篆書，鈐寶一：曰比德。硯背鐫上青宫時作《玉帶生歌》一首，並御題識語，俱隸書，鈐寶二：曰古香，曰太璞。匣蓋面鐫『玉帶生』三字，隸書。側鐫御題銘及歌，並與硯同，俱隸書。一鈐乾卦寶，一鈐寶曰『比德』。惟銘後又識語四十四字，歌後識語不書。匣底鐫御題識語六十四字，隸書，鈐寶二：曰比德，曰朗潤。

御製宋文天祥玉帶生硯歌

玉帶生，端人也。事文丞相，爲文墨賓。神工踏雪劚寒玉，追追琢琢虬盤緑。曾爲信國席上珍，墨瀋猶疑血淚哭。桀作午潮事已非，玉帶生從信國歸。海濵戰艸門生散，玉帶生爲信國伴。嗟爾玉帶生，我獨嘆爾卓爾皓潔胡爲乎？却笑褚淵犬不如。

此予潛邸時書窗日課也，近檢閱懋勤舊物，則玉帶生宛在，既爲之銘，復泐歌於此。鐫硯背。

第十册　石之屬

南宋蘭亭硯　宋垂乳硯 乾清宮　宋黝玉硯 乾清宮　宋紫雲硯 乾清宮　宋暈月硯 乾清宮　宋端石海天硯 延春閣　宋合璧端石硯 寧壽宮

宋端石雲腴硯 奉三無私　宋端石瀫文硯 魚躍鳶飛　宋端石登瀛硯 清暉閣

南宋蘭亭硯説

硯高七寸二分，寬四寸五分，厚二寸七分。宋坑緑端石，質極潤緻。面及側面四周通刻蘭亭脩禊景。硯面上方刻蘭亭，旁刻樹石，稍下曲水爲墨池繞出。硯左下方正平爲受墨處。右旁鐫『景定五年春』五字款，楷書。墨鏽濃厚，側面人物、樓閣、樹石布置工細如生。四角微有剥蝕，古意穆然。覆手深一寸一分許。中刻柳碕蘆岸，新荷田田，荇藻交横，浴鵝浮動，尤極有生趣。附鐫御題詩一首，楷書，鈐寶二：曰朗，潤。匣蓋並鐫是詩，亦楷書，鈐寶曰『乾隆宸翰』。謹案：景定爲宋理宗。是硯石質、製作與宋蘭亭硯相仿，均係宋製中之絶佳者，惟其所列人物不足四十二賢之數，較彼若稍踈云。

御製題南宋蘭亭硯

永和九歲禊，景定五年春。擧古非徒漫，獲今有宿因。鬼工泯刻跡，繪事善傳神。深入墨池鏽，猶疑曲水濱。

宋垂乳硯説

硯高七寸二分，寬四寸三分，厚二寸七分。宋端谿水巖石也。面寬平，墨池深三分。上方側鐫『宋研』二字，隸書。左側鐫御題銘一首，行

宋紫雲硯説

硯高八寸三分，寬五寸八分，厚一寸八分。宋端溪水巖石。受墨處方廣平正，墨池作峻坂，下深一寸，廣一寸八分。上方有高眼一，中懸如珠。硯首側鐫『宋硯』二字，隸書。硯背覆手深二分。上方鐫『紫雲』二字，隸書。下鐫御題銘一首，行書，鈐寶一：曰幾暇臨池。是硯色若紫瓊，取材既碩，製作亦樸亦雅。墨瀋所蓄淋漓，可供百紙。鏽彩融漬，微有剥蝕。匣蓋外鐫御題銘與硯同，行書，鈐寶一：曰几席有餘香。内鐫『宋硯』二字，隸書。匣底内鐫『紫雲』二字，隸書，鈐寶一：曰乾隆御玩。外鐫標識曰『己』，楷書。

御製宋紫雲硯銘

與筆爲入，與墨爲出。不知不識，是爲寥天一。

宋暈月硯説

硯高六寸四分，寬四寸三分，厚二寸七分。宋端溪石。硯體外長方。中受墨處橢圓，五寸，墨池爲弦月形。上方側鐫『宋硯』二字，右側鐫『暈月』二字，並隸書。左側鐫御題銘一首，行書，鈐寶二：曰乾，隆。硯背有柱十八，各有眼，參差聯絡而琢磨工緻，非宋時良工不能爲。匣蓋鐫御銘與硯同，行書，鈐寶二：曰會心不遠，曰乾隆翰宸。上方鈐寶一：曰乾隆。匣底内鐫『暈月』二字，隸書，鈐寶一：曰乾隆御玩。外鐫標識曰『辛』，楷書。

御製宋暈月硯銘

珠含其胎，澤潤於礎。元雲蒸蒸，不風而雨。

不復磨礲。近面即石理解駁處，約厚二分許。剖去爲蓋，與硯天然筍合，不爽銖黍。硯面正中微凹而光，爲受墨處，上刻偃月形爲墨池。硯首側鐫『宋合璧端硯』五字，隸書。下側鐫御題銘一首，隸書，鈐寶二：曰古香，曰太璞。匣蓋並鐫是銘，鈐寶二：曰會心不遠，曰德充符。背鐫『合璧』二字，隸書。是硯石質既古，而製作彌復樸雅，既剖仍合，絶去斧鑿痕跡，如無縫天衣。東坡所云巧匠琢山骨，於此益信，足推文房逸品。

御製宋合璧端硯銘

取石自然，既剖仍合。合不見縫，剖不見跡。方而上斂，如風字式。月爲硯池，日爲硯頰。伊誰八分，鏤以合璧。匪祥是飾，惟文斯洽。用以雕龍，遜乎其縟。

宋端石雲腴硯説

硯高四寸五分，寬二寸五分，厚六分許，宋端石。墨池深三分許，受墨處從墨池直勒下，邊寬五分許。製作甚古樸，墨鏽亦復深厚。左側鐫御題銘一首，楷書，鈐寶二：曰比德，曰朗潤。右側鐫篆文『雲腴』二字。硯背上方鐫銘十六字，隸書。下有『喬氏仲山』長方印一。中隆起鸜鵒活眼一。兩趺微凹。硯首背面俱有剥蝕痕。考仲山，元喬簣成號。明王世貞《弇州續藁》稱其書跡見右軍《干嘔帖》及朱巨川《告〔身〕》跋尾，考據頗精洽，當亦博雅之士。是硯爲所收藏，尤足珍也。匣蓋鐫御題銘與硯同，鈐寶一：曰乾隆御賞。匣底内鐫寶一：曰乾隆御玩。

御製宋端石雲腴硯銘

花鑌鐵面靈不頑，製者誰氏溯有元，珍之席上同璵璠。

喬簣成銘：雲根片腴，閟於清都。黝然而黑，墨卿與俱。

第十一册　石之屬

宋端石歸去來辭硯説

硯高七寸，寬四寸五分，厚二寸五分。宋水坑蕉葉白端石也。面四週鐫隸書銘四十八字，不署款。上方左剥蝕二字。硯側上、左、右三面週刻晉陶潛《歸去來辭》景。下側鐫篆書《歸去來辭》全文，亦無款。硯背深窪，壁立寸有十分，寸之六鐫御題詩一首，隸書，鈐寶二：曰比德，曰朗潤。匣蓋並鐫是詩，隸書，鈐寶二：曰幾暇怡情，曰得佳趣。是硯雖作銘篆刻姓氏不著，而石質碧瑩，真如蕉心初展，墨鏽亦深透繪景處。輕舟款門，童稚歡候，柴桑隱趣，宛然在目。尤極工緻生動，洵非宋質宋製不能。

御製題宋端石歸去來辭硯

蕉葉白猶出宋坑，柴桑歸去一舟輕。乃瞻衡宇童僕喜，便到華門婦子迎。圖事書詞皆足述，篆鐫畫刻信稱精。銘辭却弗識姓氏，既尚陶哉此漫評。

無名人銘：有美琅玕，氣凌結緑。劖跡柴桑，鏤情松菊。石友隃麋，移闕竹。維黑與玄，淄磷不辱。用爾摩厲，儀爾止足。爾維它山，我以攻玉。

宋端石貨布硯説

硯高五寸三分，寬三寸五分，厚一寸。宋水坑蕉白也。通體青花隱起，質理細潤，磨治精純。硯面刻作貨布式。首凸鸜鵒高眼一，環抱雙夔。

文彭識語：筆硯精良，人生一樂。紙窗竹屋，得少佳趣。

宋端石風字硯説

硯高五寸八分，風字式，上寬三寸四分，下寬四寸五分，厚四分。宋坑端石爲之。受墨處平，通墨池，墨鏽古厚。右側有翡翠痕。覆手左右直勒下，兩跗離几二分許。跗旁刻作兩柱，右高而左下。中鐫御題銘一首，楷書，鈐寶二：曰會心不遠，曰德充符。匣蓋並鐫是銘，隸書，鈐寶二：曰會心不遠，曰得佳趣。是硯質薄體寬，可多受墨，尤便行笥提挈。

御製宋端石風字硯銘

端之石，出阬渚。風字式，近罕覩。磨欲穿，閱世古。誰鑽研，膏晷苦。今屬誰，亦知否。

宋端石百一硯説

硯高五寸六分，寬三寸二分許，上厚一寸三分，下厚一寸五分。上頫而下昂，宋端溪老坑石。硯面隆起而中微凹，翠點隱然。池深廣，墨鏽斑駁。兩跗較面稍斂。覆手刻石柱大一小百，各有眼。右上方鐫『陸氏家藏』四字，篆書，而不著名款。無考。右側鐫御題詩一首，楷書，鈐寶二：曰古香，曰太璞。匣蓋並鐫是詩，隸書，鈐寶二：曰比德，曰朗潤。

御製題宋端石百一硯

猶是端溪老坑石，緊何人兮爲琢刻。近千年矣文房側，斑駁墨鏽黝而澤。上頫下昂依古式，有義存焉應物格。頫戒其驕昂拱璧，復示

士肆其矯誣。王母賜桃，宜所豔羨。君謨士人，或亦因舊有此款，命工仿爲之。清閟閣，元倪瓚所居。乙丑爲元泰定帝二年。考《明史·倪瓚傳》，卒於洪武七年，年七十四。是歲甲寅，上距泰定乙丑計五十年，或瓚於是年得硯，故刻此以志耳。『玄極』『丹扃』及『竹梧居士』，俱無考。

御製題宋端溪子石蟠桃核硯

子石天然似桃核，遂教附會詡西池。漢家仙幻宋家效，識者付於一哂之。

宋端石三星硯說

硯高六寸七分，寬四寸一分，厚三寸。宋老坑端石。側理爲之，製作古樸。硯面隱隱有白點，所謂雀腦斑者是也。墨池上有鸜鵒高眼一。覆手刻作三柱，參差高下，眼皆明潤圓活。上方側鐫御題詩一首，楷書，鈐寶二：曰乾，隆。

御製題宋端石三星硯

硯額猶存雀腦斑，三星背柱刻爲圜。東薪設以標梅較，美刺分明在此間。

宋端石聚奎硯說

硯高五寸九分，寬三寸五分，厚二寸二分。宋端石製，光潤可鑑。左側上方及跗俱微有剥蝕痕。硯面正平，池中墨鏽深透。覆手五柱各有眼，參差離立，應取五星聚奎之義。硯首側鐫御題詩一首，楷書，鈐寶二：曰會心不遠，曰德充符。匣蓋並鐫是詩，隸書，鈐寶二：曰幾暇怡情，曰得佳趣。

第十二册　石之屬

宋端石騰蛟硯説

硯高五寸六分，寬三寸五分，厚二寸。水巖佳石，側理爲之，質細而白，硯面右旁及左下方俱有翡翠點。墨池深五分許，聚瀋極多。中刻蟠蛟一，昂首作騰起勢。邊刻帶文。覆手刻柱二十有四，柱各活眼一。上方側鐫御題詩一首，楷書，鈐寶二：曰會心不遠，曰德充符。匣蓋並鐫是詩，隸書，鈐寶同。

御製宋端石騰蛟硯

側理微存翠點加，墨池潤意茁心芽。騰蛟設以喻文筆，應贈詞宗學士家。

宋端石印川硯説

硯高五寸二分，寬三寸一分，厚二寸二分。宋坑蕉白端石，側理爲之。墨池上活眼一，懸如朗月。右下方蕉葉紋，如水波層疊。中涵活眼一，恰與上方眼對照，如月之印川，天然巧製。覆手柱十，高下參差，亦各有眼。上方側鐫御題銘一首，楷書，鈐寶二：曰會心不遠，曰德充符。匣

或東坡曾彝是硯，自圖賦意，以識鑒賞耳。右側面鐫御題銘一首，楷書，鈐寶一：曰太璞。匣蓋並鐫是銘，隸書，鈐寶二：曰幾暇怡情，曰得佳趣。

御製宋端石洛書硯銘

靈龜負書，出於洛水。洪範九疇，實肇乎此。如日麗天，信有斯理。何人刻背，乃作蘇子。月小山高，後遊而已。擬以不倫，吾思其旨。或者雪堂，曾彝書几。自寫其真，與硯爲友。疑東坡言，如是如是。

宋端石五丁硯説

硯高六寸六分，寬四寸，厚二寸五分。舊坑蕉白端石，側理爲之。左上方斜界火捺紋一道。墨池墨鏽，深厚可鑑。左邊微有刓缺。覆手刻柱，長短凡五柱，各有眼。上方側面鐫御題銘一首，楷書，鈐寶二：曰會心不遠，曰德充符。匣蓋並鐫是銘，隸書，鈐寶同。

御製宋端石五丁硯銘

出宋舊阬，蕉白側理。爲北爲南，莫可考耳。其古則同，文房佳友。覆手五丁，意寓深旨。立言不朽，經天緯地。以視蜀人，眇乎小矣。

宋端石鳳池硯説

硯高六寸七分，上下寬三寸九分，中微斂二分許，厚四分。宋坑端石。色紫而潤，琢爲鳳池式。受墨處及墨池上俱微有刓缺駁痕。覆手深分許，下削兩足，離几二分許。上方及右邊亦有剥蝕處。中鐫御題詩一首，楷書，鈐寶二：曰幾暇怡情，曰得佳趣。匣蓋並鐫是詩，隸書，鈐寶二：曰乾，隆。

御製題宋端石紫袍金帶硯

伴誰草制玉堂卿，石是端溪出老坑。身著紫袍束金帶，笑他責實太循名。

宋端石石渠秘閣硯說

硯高八寸五分，寬五寸七分，厚九分。宋端溪石也，製仿漢未央瓦硯式，穹起離几三分許。受墨處橢圓，上爲墨池如偃月。硯首鐫贊三十二字，左下方鐫『瀨翁贊』三字款，俱篆書。下有『奇珍』二字、『藏寶』二字大小方印二。硯背鐫『石渠秘閣』方印一。下鐫『元符三年孟秋佳製』八字，篆書。側面周鐫御題銘一首，楷書，鈐寶一：曰乾隆宸翰。考元符爲宋哲宗紀年，硯鐫『石渠秘閣』印，當係其時三館官硯。瀨翁，無考。匣蓋鐫御題銘與硯同，隸書，鈐寶二：曰乾，隆。

御製宋端石石渠秘閣硯銘

石渠秘閣，製元符年。曾陪綈几，翰墨周旋。宜歐蘇之親耳，何章呂之佳焉。名曰紹聖，實幸群奸。淬妃有知，惜國是之變以赧然。

瀨翁贊：其色溫潤，其制古朴。何以致之，石渠秘閣。改封即墨，蘭臺列册。永宜寶之，書香是托。

宋端石列宿硯說

硯高九寸，寬五寸八分，厚二寸四分。宋老坑端石，側理爲之。通體俱有蕉葉紋，左右斜帶黃龍紋。硯面墨池上及兩邊俱微有刓缺。下方鸜鵒活眼一。覆手刻柱二十七，柱各有眼。側上方鐫御題銘一首，楷書，鈐寶二：曰會心不遠，曰德充符。是硯石材瑰廣，活眼蕉紋，形製亦佳，

第十三册　石之屬

宋紫端太平有象硯説

硯高六寸二分，寬三寸五分，厚七分。宋老坑端石也。色如紫玉，極堅緻細膩。受墨處爲瓶形，墨池爲瓶口。上方正中刻柱眼一，如涵星遍體，青花散布。硯背及四側俱有剥蝕沙眼。背上方刻泰卦爻象。下刻象形甚古質。上方側面鐫御題詩二首，楷書，鈐寶二：曰古香，曰太璞。匣蓋並鐫是詩，隸書，鈐寶二：曰幾暇怡情，曰得佳趣。

御製題宋紫端太平有象硯

爾時邪説倡豐亨，有象因之頌太平。可惜端溪一片石，並無其實祇孤名。

翠爲雲氣紫爲霞，温潤而貞製不華。略幸蔡京識文義，較明漆器卦無差。

宋紫端涵星硯説

硯高五寸一分，寬二寸九分，厚一寸六分許。長方式，宋老坑端石，色如豬肝。受墨處微窪，墨池中刻石柱一，懸朗如星。上方墨鏽斑駁，天然古秀。

御製宋紫端雲腴硯銘

紫雲之割，夫其誰耶？道以爲腴，守墨池耶。閱世幾百，永年宜耶。滴露研朱，又一時耶。綸綍是慎，緊吾思耶。

宋蕉白七子硯説

硯高五寸三分，寬三寸三分，厚二寸。宋坑蕉葉白爲之，側理如羅紋。墨池右上方及硯左下方左側俱有小鸜鵒眼一。覆手刻柱七，柱各有活眼。上方側鐫御題詩一首，楷書，鈐寶二：曰幾暇怡情，曰得佳趣。匣蓋並鐫是詩，隸書，鈐寶同。考昔人論宋硯，所以能久而發墨，大約取側理爲之，故硯體每厚。内府所藏宋硯，形製無不皆然。今人取材既薄，祇宜平面，用久即滑。是硯採石既博而琢製尤精，允推上品。

御製題宋蕉白七子硯

蕉葉還因側理爲，久堅發墨故其宜。設如七子詢名姓，應是竹林雅會時。

宋蕉白太素硯説

硯高五寸八分，寬三寸四分，厚三寸。宋水巖石之至佳者。火捺層層襯起蕉白一片，恰爲硯面承墨處。取材既精，製作尤中窾要，通體純素，而磨礲之工，觸手軟膩，又其餘事矣。昔人論水巖石以有眼爲真，而又以有眼爲疵。是硯有瑜無瑕，絶去雕飾，渾樸古素，著墨如以蠟塗釜，光采豔發，洵珍品也。側上方鐫御題詩一首，楷書，鈐寶二：曰會心不遠，曰德充符。匣蓋並鐫是詩，隸書，鈐寶一：曰乾隆宸翰。

髮無憾云。

御製題宋緑端蘭亭硯

數曲臨池禊帖宜，故應圖景再三也。王孫跋裹分明道，得骨得皮者阿誰。

宋龍尾石涵星硯説

硯高五寸二分，厚七分。歙龍尾石，石色純黑，密布銀星。墨池刻作荷葉形，碧筩倒垂入池，亦樸亦雅。硯背鐫御題銘一首，楷書，鈐寶二：曰幾暇怡情，曰得佳趣。左方鐫行書董其昌銘十字，款署『其昌』二字。右方鐫篆書『涵星』二字。是硯製作渾古，且龍尾宋石流傳甚鮮，香光揮翰時已極珍惜，迄今復閲二百餘年，真墨林奇物也。硯匣蓋鐫御題銘與硯同，行書。鈐寶一：曰幾暇怡情。匣底内鐫寶一：曰乾隆御玩。

御製宋龍尾石涵星硯銘

其製樸，其性堅。伴香光，居畫禪。參五合，常恧旃。覘過眼，幻雲煙。一片石，全其天。

第十四册　石之屬

宋艧村石泰交硯説

硯高六寸七分，寬六寸，厚八分。宋艧村石，外方内圓。硯首穹起，合地天交泰之義。覆手作如意形，面背四周俱隨石質，自然不加磨琢。下方鐫御題銘一首，隸書，鈐寶一：曰德充符。匣蓋並鐫是銘，亦隸書，鈐寶二：曰幾暇怡情，曰得佳趣。

御製宋艧村石泰交硯銘

既方而圓，體合坤乾，吾因思泰交之義，而久具其説於開泰之篇。無往不復，是用懼焉，如意固美，嬌志應蠲，吾是以恒自勵乎憫然。

宋艧村石聽雨硯説

硯高四寸七分，上寬二寸八分，下寬三寸四分，厚七分。宋艧村石，樸素天然，不加雕琢。硯首鐫草篆『聽雨』二字。四側皴剥。下方鐫御題詩一首，隸書，鈐寶一：曰太璞。硯背鐫『寒山趙宧光爲悟石老禪作』行書十一字。左側有『凡夫』二字印。考明趙宧光，號凡夫，長洲人，善草篆。悟石軒在虎邱雲巖寺内生公石側，凡夫隱於寒山，好與羽流衲子往還。是硯似係凡夫爲寺僧所作。匣蓋鐫御題詩與硯同，隸書，鈐寶二：曰乾，隆。

硯或即是石也。

御製元趙孟頫松化石硯銘

松化石，須千年。松花有，詎康干。松雪翁，銘識旃。三含一，妙理詮。木之理，尚依然。水中變，膏受全。勝溪石，取於端。弗礱琢，存厥天。十三行，書以傳。茲用茲，審愧焉。

趙孟頫銘識：硯材以端溪良，取其產水穴，膏潤久，能澤墨故。予獲一松化石，莫知所自，相傳松入水千年乃化，其渟滀滋液，較端溪爲勝，用作硯甚宜，因爲之銘。銘曰：歲寒節，久弗失。水所泊，留其蘖。玉爲質，温而栗，鳳咮羅紋罕與匹。

元黃公望癡菴硯説

硯高七寸，寬四寸五分，厚九分。端溪下巖舊坑石也。質理堅緻如蒼玉。墨鏽深裹，光可以鑑。受墨處窪深寸許，蓋久供研磨所致。周有剥蝕。右側鐫『癡菴』二字，篆書。覆手上寸許平坦，下斜削，兩跗離几四分許。中鐫御題詩一首，楷書，鈐寶二：曰乾，隆。匣蓋並鐫是詩，隸書，鈐寶同。考元黃公望，字子久，號大癡道人，癡菴或其所署款也。

御製題元黃公望癡菴硯

癡菴自是泐元代，大嶺曾經圖富春。墨鏽依然蔚雲氣，畫禪什襲合同珍。

元釋海雲端石硯説

硯高四寸四分，寬二寸八分，厚一寸五分。老坑端石，堅潤宜墨。受墨處久用成臼，池中墨鏽凝結，斑駁奇古。覆手兩跗離几一寸餘。右側處爲墨池，甚深曲有致。右側鐫御題詩一首，楷書，鈐寶二：曰古香，曰太璞。匣蓋並鐫是詩，隸書，鈐寶二：曰比德，曰朗潤。硯背水紋内右方鐫『琴軒真賞』四字，篆書。左上方鐫『永樂壬辰，禮闈竣事，過廷器先生，得此大快』十七字，後署『廬陵楊士奇志』六字，並楷書。考《明史》，楊士奇，江西泰和人，建文時以辟召入翰林，永樂初入直文淵閣，累官至華蓋殿大學士，謚文貞。又《明詩姓名爵里考》載陳璉，字廷器，廣東東莞人。洪武時以明經薦官國子監助教，永樂中累官南京禮部侍郎。是硯當爲廷器自家山攜至京邸者。壬辰爲永樂十年，是時尚未都燕京，故士奇於撤棘後過之得此硯也。

御製題明楊士奇舊端子石硯

水阬子石美之最，背楷分明志士奇。學行已稱榮溥讓，彌縫還擬杜房持。于謙終以薦得濟，王振弗能制可悲。逮事四朝臣固幸，其朝幸否亦當思。

明唐寅龍尾石瓦式硯説

硯高五寸七分，寬三寸三分，厚三分。舊歙溪龍尾石也。潤如蒼玉，微有剥蝕痕，琢爲瓦式。體微穹，離几三分許。硯面仿海天初月硯式。上方鐫明董其昌銘十二字，署『元宰』二字款，俱行書。硯背左方鐫御題銘一首，楷書，鈐寶二：曰比德，曰朗潤。右方鐫唐寅銘十四字，署『唐寅識』三字款，行書。匣蓋鐫御題銘與硯同，行書，鈐寶二：曰幾暇怡情，曰得佳趣。匣底鐫寶一：曰乾隆御玩。

御製明唐寅龍尾石瓦式硯銘

歙之石，龍尾最。式肖瓦，漢製派。董以書名唐以畫，經二人用淬妃快。何來朵殿綈几會，所樂存乎蓋無奈。

第十五册　石之屬

明文徵明琭玉硯説

硯高三寸，寬一寸七分許，厚八分。舊端石爲之。墨池内石柱三，各有眼。上方側鐫御題詩一首，楷書，鈐寶二：曰古香，曰太璞。左側鐫明文徵銘十四字，行書，署『衡山』二字款。下有『衡山』二字方印一。右側鐫『琭玉』二字，篆書，署『而章識』三字款，楷書。下有『而章』二字方印一。覆手右柱二十有八，参差踈密相間，各有活眼一，如列宿經天。考衡山，明文徵明號。而章款，無考。是硯石色淡而潤澤，墨鏽深透，琭琭如玉，文房小品，此爲最佳。匣蓋鐫御題詩與硯同，鈐寶一：曰朗潤。匣底鐫寶一：曰乾隆御玩。

御製題明文徵明琭玉硯

衡山十四字留銘，抽思能生翰墨馨。棐几恰供宣席用，高軒不共白雲停。

明文徵明銘：端谿之英，石之精。壽斯文房，寶堅貞。

明董其昌畫禪室端石硯説

硯高五寸，寬三寸，厚七分許。舊坑端石，質紫而潤。硯面受墨處琢爲瓶形，瓶口爲池，四周俱帶黄膘，天然不加礱治。左側鐫御題詩一首，楷書，曰古香，曰太璞。是硯爲明項元汴天籟閣中物，亦鳳池式，似仿東坡東井硯爲之，而規制彌小，洵小品中之精者。

御製題明項元汴東井硯

項家東井猶餘硯，豈是五星所聚曾。閣亦山莊額天籟，殊其閒雅用非應。

明林春澤人瑞硯説

硯高七寸一分，寬四寸四分，厚一寸二分有奇，舊端石。受墨處不勒邊廓。上方刻雲龍，頂有鸜鵒活眼一，恰如龍之攫珠。下鎸篆書『爲龍爲光』四字。雲腰鎸隸書『飛雲郞』三字。上下間以翡翠點三，硯左側鎸楷書『人瑞』二字。下有『林春澤印』印一。右側斜帶黄龍文。硯背覆手深一分。中鎸御題詩一首，隸書，鈐寶二：曰幾暇怡情，曰得佳趣。匣蓋並鎸是詩，隸書，鈐寶二：曰乾，隆。考明林春澤，候官人，官太守，壽躋百歲以上，著有《人瑞翁集》。是硯蓋其所寶藏也。

御製題明林春澤人瑞硯

期頤把筆命龍賓，傍識鎸存春澤真。壽祝百年猶弗足，此翁未識硯磨人。

明楊明時子石科斗硯説

硯橢圓，高四寸，寬三寸五分，中厚七分許。邊少薄，天然子石，略加磨礲。受墨處正平，墨池作科斗形。圍鎸明楊明時銘三十二字，硯背正中鎸『吉日庚午』四字，俱篆書。下方微有剥蝕，周鎸御題詩一首，楷書，鈐寶一：曰比德。是硯色黝而堅潤，質理頗似吴郡觼村石，製作彌

定菴誌語：茲硯名何？米元章所謂晋研如鳳字兩足者，名爲鳳皇池也。

明莫雲卿銘：疑其石也，何爲龍之文。疑其玉也，何爲魚之服。不欲落落，不欲碌碌，是將謂無名之璞。

舊端石鳳池硯説

硯高二寸七分，寬一寸三分，厚五分許。舊水巖端石，琢爲鳳池式。墨池首兩旁剡各分許，如鳳字形。覆手亦如之。上方側面鐫『鳳池』二字，篆書。下爲鳳足二，離几約三分許。中鐫御題詩一首，楷書，鈐寶二：曰比德，曰朗潤。匣蓋並鐫是詩，隸書，鈐寶與硯同。

御製題舊端石鳳池硯

懷鉛一例提攜便，小篆分明泐鳳池。疑是早朝歸買至，從容吟得七言詩。

舊端石雙龍硯説

硯橢圓式，高六寸五分，寬五寸六分許，厚一寸二分許。舊坑端石。面上方雕雲龍一，嵌空拏攫，空處水路暗通爲墨池。池之右雲空處内嵌金丱一，圓如珠。下雕小龍一，僅現半身，勢若相引。左側鐫『康熙十八年五月恭製』九字，並『小臣劉源』四字款，並隸書。下有『源』字方印一。硯背刻雲水蕩潏勢。右方鐫御題銘一首，行書，鈐寶二：曰比德，曰朗潤。匣蓋外並鐫是銘，鈐寶二：曰幾暇怡情，曰得佳趣。右鐫宋蘇軾硯銘四十六字，末有『康熙十七年七月』，右書宋臣蘇軾硯銘十五字款，並隸書。下有『臣源』二字方印一。内鐫『龍光』二字，隸書。匣底鐫寶一：曰天府永藏。

第十六册　石之屬

舊端石海天浴日硯説

硯以端溪子石爲之，高五寸七分，寬四寸，厚一寸八分許。受墨處刻爲日輪，海水坌涌，漩洑爲墨池，真有雲垂水立、一落千丈之勢。右側石質天然，平處鐫御題銘一首，隸書，鈐寶二：曰古香，曰太璞。背亦刻作日輪，中有三足烏，霞光上燭。劖刻工巧中脱盡痕跡，極爲佳製，石質亦温潤。匣蓋外鐫『海天浴日』四字，篆書。下鐫御題銘與硯同，鈐寶二：曰會心不遠，曰德充符。内鐫寶一：曰乾隆御玩。

御製舊端石海天浴日硯銘

鴻波浡潏天之綱，咸池沐浴陽德光。紫雲既劚金烏翔，葆珍韞彩登文房，挹茲學海吐沛滂。

舊端石太極硯説

硯高八寸，寬五寸五分，厚一寸，長方式。石質清粹，刻琢天然，無刓鑿痕。受墨處方五寸許，微凹。上爲墨池，深五分。旁刻水波雲氣，

不得爲佳品也。上方側鐫御題銘一首，楷書，鈐寶二：曰會心不遠，曰德充符。匣蓋並鐫是銘，隸書，鈐寶二：曰乾，隆。謹案：内府藏硯經睿鑒題詠者，已得一百五十餘方，續又得硯四十枚，皇上親御丹毫，或銘或詩，不六日而題識已遍。是硯蓋其卒章，而於法天行健之旨，復三致意焉。臣等敬瞻睿藻，仰見我皇上大文彌耀，日進無疆，盥手雒誦，榮慶蓋百倍尋常云。

御製舊端石弦文硯銘

硯四十枚，或銘或詩。豈竭吾才，不日成之。法天行健，敦乎象辭。

舊端石折波硯説

硯高三寸二分，寬二寸二分，厚四分。舊端溪下巖石。受墨處火捺下斜吐蕉白。硯邊周刻帶紋三重。硯背鐫『折波』二字，隸書。匣蓋鐫御題銘一首，隸書，鈐寶二：曰德充符，曰幾暇怡情。匣蓋内鐫寶二：曰乾，隆。

御製舊端石折波硯銘

孕玉水，清且泚，墨池中矩彰厥美。

舊端石九子硯説

硯高七寸，寬四寸一分，厚二寸二分。舊坑紫端石。受墨處微窪，其上駁蝕似曾入土者，墨池深五分。右側鐫御題銘一首，隸書，鈐寶二，曰比德，

雙螯四跪，致極生動。硯背刻作荷葉蒂，上方著几而下穹起，筋絲宛然。下有螺螄二，爲足承之。葉筋中平處，環鐫御題銘一首，楷書，鈐寶二：曰比德，曰朗潤。匣蓋並鐫是銘，隸書，鈐寶二：曰幾暇怡情，曰得佳趣。

御製舊端石荷葉硯銘

石本堅，荷則脆。劑柔剛，琢硯器。論其初，原一致。石溪出，荷水植。忽肖形，成葉翠。蟹與螺，葉間戲。荷易凋，石久寄。變柔晦，爲剛利。如露盤，承露墜。突漢宮，無銅氣。有識哉，作者意。

舊端石蟬硯説

硯高四寸，首寬一寸八分，中寬二寸四分，下微斂，厚六分許。老坑端石，色黝理細。面微凹，池極深廣。首斂而腹豐，略似蟬形。硯背上方著几處少平，下有二足。中穹起處鐫御題詩一首，楷書，鈐寶二：曰比德，曰朗潤。匣蓋並鐫是詩，隸書，鈐寶同。

御製題舊端石蟬硯

隨材斲作樹蟬秋，滴露研松鳴欲流。沉響待題誰似駱，無言常懼或同劉。

舊端石饕餮夔紋硯説

硯高五寸五分，寬三寸五分許，厚一寸許。舊水坑蕉葉白也，質極細嫩。硯面及墨池通，爲瓶式，近墨池處皆棕眼紋邊。上方周刻饕餮八，

第十七册　石之屬

舊端石石田硯說

硯高五寸，寬三寸五分，厚一寸。水巖舊坑端石，色青紫而潤。面正平，斜入墨池。上刻雙螭抱池内向，磨治瑩滑，渾古入妙。右下方微帶黄龍文三。硯背上方鐫『石田』二字，篆書。覆手内鐫銘二十四字，後有『甲午花朝銘』五字款，俱楷書。旁有『鹿』『原』二字連方印二。右旁鐫七言絶句詩一首，左旁鐫『右請莘田先生鑒政甸』九字款，俱行書。下有『田生』二字長方印一，『青玉山房』四字長方印一，硯右側面下方有『莘田十畝之間』六字長方印一。下方側面鐫御題詩一首，楷書，鈐寶二：曰古香，曰太璞。匣蓋並鐫是詩，隸書，鈐寶二：曰會心不遠，曰德充符。按：林佶，字吉人，號鹿原，候官人，本朝康熙年間由中書累官知府，善草隸。黄任，號莘田，永福人，康熙壬午舉人，官粵東四會令，工詩，有硯癖，名其齋曰十硯。余甸，字田生，亦閩人，曾任蜀江津令，青玉山房當即其齋名。是硯或係黄任十硯之一，而經林佶、余甸所題識者，亦可珍也。

御製題舊端石石田硯

幾年端玉出溪濱，學稼何妨此作因。漫曰石田耕鮮穫，菑畬經訓豈孤人。

林佶銘：象其體以守墨，象其用以畜德。譬農夫之力穡，戒將落於不殖。

御製題舊端石蟠夔鐘硯

懷鉛提槧以後，丱人㲋氏而兼。鳳尾設共批諾，宵衣可警晨嚴。

學莊銘：非金非範，配居笙鏞。不縣而聽，不扣而通。豈鐘山之所采，浴文心於雕龍。

舊端石洛書硯説

硯高四寸九分，寬二寸八分，厚一寸七分。舊端溪下巖壁石，長方式。硯面正平。墨池刻作洛水靈龜，負書右顧，有騰波蹴浪之勢，墨鏽融漬，彌見古意。邊周刻黻紋。硯首側面鐫御題銘一首，楷書，鈐寶二：曰古香，曰太璞。匣蓋並鐫是銘，隸書，鈐寶二：曰比德，曰朗潤。覆手深四分許。中鐫『瑞發文明』四字，篆書，不署款。

御製舊端石洛書硯銘

下巖石壁，誰割紫雲。墨池黝漬，龍香氤氳。刻作洛負，圖書之祖。傳説有云，事不師古。君子之道，闇然日章。出諸久弆，刮垢磨光。著書習字，均非我事。慎茲絲綸，惕乾永志。

舊端石鵝硯説

硯高七寸，寬三寸六分，厚四分。舊端溪子石，琢爲鵝形。鵝背平處受墨，上方及左窪下爲墨池。鵝頸左宛覆墨池，如梳翎狀，尾左翹，左右翼抱硯邊。硯背刻作雙掌劃波。上方鐫御題詩一首，楷書，鈐寶二：曰乾，隆。是硯石質、刻鏤並皆佳妙，籠鵝换書，數典亦雅，文房中逸品也。

曰乾，隆。匣蓋並鐫是銘，隸書，鈐寶二：曰比德，曰朗潤。

御製舊端石松皮硯銘

蕉葉白，松皮青。堅且潤，廉以貞。出水巖，龍爲睛。黍谷春，研田耕。

黍谷銘：唯爾壽，永无咎。

舊端石括囊硯説

硯高五寸二分，上寬二寸八分，下寬三寸七分許，厚九分許。舊端溪石，色淡質細，琢爲囊形。受墨處寬平，上方囊口爲墨池，墨鏽光瑩，古意可掬。硯背上方如囊口反括，縚繩下垂，左旋右折，刀法古勁。括處鐫御題詩一首，楷書，鈐寶二：曰古香，曰太璞。匣蓋並鐫是詩，隸書，鈐寶二：曰比德，曰朗潤。

御製題舊端石括囊硯

舊阬端石今希有，蒐尋内庫獲以苟。凡物顯晦亦有時，彰之彌因閟之久。質爲烏玉連城珍，形作括囊三緘口。慎不害已演坤爻，更申金人銘義守。想當熙寧紹聖間，權奸用事正人醜。然而時豈無忠臣，讜論直言頻納牖。憬然鑒古更惕然，恐論人明論己否。

舊端石浮鵝硯説

硯高六寸，寬五寸，厚八分。舊端溪石，琢爲鵝形，宛頸翹尾，梳翎唼羽，宛如浮鵝之浴波。鵝背窪處爲硯，與池相連，墨鏽古澀。硯背爲鵝腹，

第十八册　石之屬

舊端石七螭硯説

硯高七寸五分，寬五寸二分，厚一寸三分。舊端石蕉葉白也。取材瑰博，潔潤如玉，通體墨鏽，光可以鑑。墨池刻蟠螭，一邊上方及左右各刻三螭，兩兩相向。覆手深一分許。下方微露金線紋。側面下方鐫御題詩一首，楷書，鈐寶一：曰比德。匣蓋並鐫是詩，隸書，鈐寶二：曰乾，隆。

御製題舊端石七螭硯

龍之子或云雌者，蕉白矱然稱硯材。設以南朝人品擬，抑爲陸也抑爲崔。

舊端石海日初升硯説

硯高五寸七分，寬四寸九分，厚一寸二分。端溪子石爲之。因其天然式橢圓而微側，石質瑩潤中隱帶青花。墨池刻作海水騰躍，日輪涌起，真有懸曦朗曜、萬象昭融之勢。硯背鐫御題銘一首，楷書，鈐寶二：曰比德，曰朗潤。匣蓋並鐫是銘，隸書，鈐寶二：曰會心不遠，曰德充符。

御製題舊端石驪珠硯

橢圓佳品宜墨受，深池平面斜居右。環刻渤海起波濤，鸜鵒爲珠驪龍守。緯蕭之義不言圖，意喻緺阮取石否。天吴海童相遘迕，或突而遊或闖走。木華賦句鎔鑄中，復有奇觀鏤覆手。衆星羅列柱之端，巨者爲月麗上首。是皆活眼非假借，如印溟澥上下偶。我獨箕疇審省從，所願綏豐福九有。

舊端石十二章硯説

硯高八寸一分，寬六寸，厚二寸三分，橢圓式。舊端溪老坑石。受墨處亦橢圓而微偏右，下方墨鏽光潤。四圍周刻海濤。上方龍一向左，左旁有眼如珠，下有小龍攫之，爲相戲狀。右旁有大魚一，側面周刻十二章。覆手深一寸三分許。中刻雲霞山水，長短柱三十有六，柱各有眼。附周鐫御題詩一首，楷書，鈐寶一：曰朗潤。匣蓋並鐫是詩，鈐寶二：曰乾，隆。

御製題舊端石十二章硯

周刻虞章意創新，幾曾上古有龍賓。眼中却合堯夫句，三十六宫都是春。

舊端石天然六星硯説

硯高七寸二分，寬四寸八分，厚九分。舊坑端石也。肌理温潤，遍體青花隱起。受墨處橢圓式，墨池如偃月。上有鸜鵒活眼六，纍如貫珠，因其自然形勢，聯絡爲南斗六星。下方斜帶翡翠痕。側面就石凹凸，略加礲治。背鐫御題詩一首，楷書，鈐寶二：曰乾，隆。匣蓋並鐫是詩，隸書，鈐寶同。

舊端石環螭風字硯説

硯高五寸六分，上寬三寸九分，下寬四寸五分，厚七分許。水巖蕉白，温潤細膩，因其天然琢爲風字式。受墨處及池俱極深廣。邊環刻十五螭，勢若相顧。覆手微凹，製作渾古。中鐫御題詩一首，楷書，鈐寶二：曰幾暇怡情，曰得佳趣。匣蓋並鐫是詩，隸書，鈐寶同。

御製題舊端石環螭風字硯

端石天然風字存，面螭亦泯刻雕痕。用之批諾猶深慮，草偃於斯豈易言。

舊端石梅朵硯説

硯高五寸一分，寬三寸，厚二寸。端溪舊梅花坑石。左方微刓缺。覆手柱幾七十，攢三聚五，綴如梅朵。柱眼及左右側水斑色稍黄，且眼多有匾者，略遜水坑，而製作同宋式，極爲樸雅。硯上方側鐫御題詩一首，楷書，鈐寶二：曰比德，曰朗潤。匣蓋並鐫是詩，隸書，鈐寶二：曰幾暇怡情，曰得佳趣。

御製題舊端石梅朵硯

梅花坑石性同梅，聚五攢三朵朵開。設贈藝林供點筆，元章縮手意應猜。

第十九册　石之屬

舊端石瑞芝硯　舊端石蟠桃硯　舊端石轆轤硯　舊端石雲雷編鐘硯 養性齋　舊端石天然壺盧硯 養和精舍　舊端石半蕉硯 賞皇六子
舊端石七光硯 賞皇十一子　舊端石飛黃硯 賞皇十五子　舊端石七星石渠硯 賞皇十七子　舊端石仿唐石渠硯 賞皇十七子

舊端石瑞芝硯說

硯高八寸，寬七寸，厚一寸四分。老坑端石。四邊天然，略加礱治爲瑞芝形。芝面正平爲受墨處，上刻小芝八枚。芝莖稍窪處爲墨池。硯背刻爲芝蒂，莖上復歧生五芝。下方鐫御題詩一首，楷書，鈐寶二：曰比德，曰朗潤。匣蓋並鐫是詩，隸書，鈐寶二：曰乾，隆。

御製題舊端石瑞芝硯

生巖似桂却無芳，本石應非追琢章。晦夜設離三百步，英英早合見其光。

舊端石蟠桃硯說

硯高四寸五分，上寬四寸，下鋭不及三分之二。舊水坑子石，天然刻作桃實，兩面桃葉覆之。蒂旁微凹爲墨池，磨礲純熟，洵出名手所製。硯背鐫御題詩一首，楷書，鈐寶二：曰古香，曰太璞。匣蓋並鐫是詩，隸書，鈐寶二：曰會心不遠，曰德充符。是硯石質嫩而澤，左側有水蚌處。
昔人論水巖佳品，所謂撫不留手、柔若無骨者，此庶近之。

舊端石天然壺盧硯説

硯高四寸三分，上寬二寸七分，下寬三寸三分，中微束，天然成瓢形，厚三分許。水坑端石，質極細嫩。墨池略窪，中刻小壺盧一，葉蔓縈繞，自然渾妙。昌黎詩云『磨礱去圭角，浸潤著光晶』，此硯得之。硯背刻匏葉一，亦具偏反之勢。下方鐫御題詩一首，楷書，鈐寶二：曰比德，曰朗潤。匣蓋並鐫是詩，隸書，鈐寶同。

御製題舊端石天然壺盧硯

雕幾曾不藉多加，形賦天然絲蔓拏。憐彼耕而弗穫者，無端還擬歎匏瓜。

舊端石半蕉硯説

硯高五寸七分，寬三寸五分，厚七分。舊水坑端石，質細而潤。因其自然，略加琢治爲蕉葉半幅。上方凹爲墨池，左邊微捲，右邊直勒爲梗，横理縷縷，儼有披風滴雨之趣。硯背鐫御題詩一首，楷書，鈐寶二：曰比德，曰朗潤。匣蓋並鐫是詩，隸書，鈐寶二：曰幾暇怡情，曰得佳趣。

御製題舊端石半蕉硯

横文破葉意精含，棐几應教置以南。設贈藏真書自敘，緑天剪處主賓參。

舊端石七光硯説

硯高六寸五分，寬三寸九分，厚二寸九分。宋水坑端石也。横理蕉白，青花隱隱，温潤如玉。硯首正中有鸜鵒活眼一，圓暈明朗。上方側鐫

而石渠較淺狹。背刻七星，稍失古意，第石質細潤，不失爲端溪佳品。

御製題舊端石七星石渠硯

石渠唐製茲惟倣，背柱居然刻七星。設以文章方北斗，昌黎此席孰曾經。

舊端石仿唐石渠硯説

硯高三寸五分，寬三寸三分，厚一寸。舊端溪水巖石。硯面正方，受墨處外周環以渠。上方微凹如仰月，邊周刻流雲紋。側四面各刻陽文螭虎一，餘地多陰文淺雕蟠螭形。四角有跗，雕獸面承硯，離几七分許。硯背覆手刻作兩層，四角各有如意形，斜屬於跗。中鐫御題銘一首，楷書，鈐寶二：曰古香，曰太璞。匣蓋裏並鐫是銘，隸書，鈐寶二：曰乾，隆。是硯石質細潤，雕鏤工緻，係仿唐澄泥石渠硯爲之者。

御製舊端石仿唐石渠硯銘

石渠式，肇自唐。水崖質，選其良。舊奔王，今得羊。一再詠，斐文房。慎所好，增彷徨。

第二十冊　石之屬

舊蕉白緘鎖硯説

硯高四寸一分，寬二寸五分，厚五分。舊端溪蕉葉白也，長方式。硯面正平，墨池刻作鎖式，上集鳳鳥一。周刻絇紋，外環臥蠶。側面周刻螭虎。覆手鐫御題銘一首，楷書，鈐寶一：曰德充符。匣蓋並鐫是銘，隸書，鈐寶一：曰乾隆宸翰。

御製舊蕉白緘鎖硯銘

匪金人，可緘口。慎絲綸，宣以手。用卌年，如故友。

舊蕉白雙螭硯説

硯高三寸八分，寬二寸五分，厚四分許。舊水巖蕉葉白也。硯面受墨處深凹，墨池刻作雙螭交紐。邊周刻臥蠶紋。覆手鐫御題銘一首，楷書，鈐寶一：曰幾暇怡情。是硯石質細而有芒，發墨宜筆，製作亦極精緻。匣蓋鐫御題銘與硯同，隸書，鈐寶一：曰乾隆宸翰。

御製舊蕉白雙螭瓦式硯銘

瓦爲硯，硯則賓也。硯肖瓦，瓦則名也。賓與名，幻則均也。供染翰，實則存也。伴綈几，慎絲綸也。味芸編，以淑身也。

舊蕉白龍池硯說

硯高五寸三分，寬三寸八分，橢圓式，而下稍豐，厚一寸五分。舊坑蕉葉白端石也，側理爲之，膩潤如玉。面周環帶文。墨池中刻出水龍一，左有鸜鵒眼一，如龍之戲珠勢，極飛動。覆手深幾及寸。右上方及下方長短二柱，各有眼。面邊及左跗微有刓缺。側面周鐫御題銘一首，楷書，鈐寶一：曰得佳趣。匣蓋内並鐫是銘，隸書，鈐寶一：曰幾暇怡情。匣蓋外鐫『隆池』二字，下有『焦林珍賞』四字，俱隸書。傍有『玉立』二字長方印一。查梁清標，字玉立，號焦林，正定人，本朝順治年間官至大學士，精於鑒賞，收藏法書名畫皆入神品，是硯固亦舊製而經其鑒藏者。

御製舊蕉白龍池硯銘

舊阬之白號蕉葉兮，玉潤金堅剛柔協兮。既圓而橢製穩貼兮，墨池弗涸有波疊兮。龍守其珠緯蕭涉兮，書而供跳王之帖兮。文而寓雕劉之勰兮，問誰所珍焦林篋兮。何來西清伴芸笈兮，一誦旅獒慙弗愜兮。

舊蕉白瓜瓞硯說

硯高六寸五分，寬四寸七分，左上方微削三之一。舊坑蕉葉白端石也。色浄緑，斜帶金線紋。墨池凹處形如瓜懸，環刻葉蔓，繞出硯背。懸小瓜一，兩側駁落，俱有天然石脈，如瀋金色。下鐫御題銘一首，楷書，鈐寶二：曰比德，曰朗潤。匣蓋並鐫是銘，隸書，鈐寶二：曰幾暇怡情，曰得佳趣。

御製題舊紫端朗月踈星硯

李氏淑沆何許人，踈星朗月識龍賓。應知作者深於詠，四字全該摘句神。

舊紅絲石鸜鵒硯説

硯高五寸，寬三寸三分，厚七分。舊坑紅絲石爲之，橢圓式，琢爲鸜鵒形，色黄而澤。硯面正平，斜帶紅絲縷縷。墨池上左方鸜鵒首亦帶紅絲，赤如雞冠，左顧作飲水狀。左右側兩翼下垂，下左方尾上捲，翎羽分明，生動可愛。覆手長方，中鐫御題詩一首，楷書，鈐寶二：曰會心不遠，曰德充符。匣蓋並鐫是詩，隸書，鈐寶一：曰幾暇怡情。考高似孫《硯箋》載，紅絲石出臨朐縣，其色紅黄相間，佳者絶不易得，故世罕流傳。是硯紅絲映帶，鮮豔逾常，而質古如玉，洵爲佳品。

御製題舊紅絲石鸜鵒硯

鴻漸不羨用爲儀，石亦能言製亦奇。疑是禰衡成賦後，鏤肝吐出一絲絲。

第二十一册　石之屬

舊龍尾石日月疊壁硯説

硯高六寸三分，寬四寸許，厚七分許。舊歙溪龍尾石也，琢爲日月合璧形。受墨處外環石渠爲墨池。上隱偃月，中鐫『兩餅乾坤，雙丸日月』八字，篆書。上方鐫『沐日浴月光華生』七字，隸書。旁有『鹿原』二字長方印一。左側鐫識語五十四字，下署『廉讓識』三字款，俱楷書。右側鐫『如月之恒，如日之升』八字，隸書。下署『恒齋瑛』三字款，行書。覆手亦爲合璧形可受墨，周環墨池，而上方較深廣。中鐫『日月會於龍尾』六字，後有識語十九字，末有『戊子三月香泉』六字款，俱行書。上方側面鐫御題銘一首，楷書，鈐寶二：曰古香，曰太璞。匣蓋並鐫是銘，隸書，鈐寶二：曰比德，曰朗潤。又鐫『藏精於晦則明，養神以静則安。晦所以畜用，静所以應動。善畜者不竭，善應者無窮。此君子修身治人之術』四十一字，後有『戊子清明，歐陽公《晦明説》爲廉讓書疊壁硯，陳奕禧』二十字款，俱行書。匣底内鐫『天爲蓋，地爲軫，善用道者終無盡』十三字，後有『汲冢書，廉讓識於疊壁硯函』款十一字，亦俱行書。考林佶，號鹿原，福建人。陳奕禧，號香泉。曹三才，號廉讓。曹曰瑛，號恒齋。俱浙江人，皆本朝康熙年間人。佶工古隸，奕禧工行草，曰瑛工分書，有名於時。鷹窠頂在浙江海鹽縣雲岫山，相傳十月朔日月同度，登絶頂觀之如合璧，見查慎行諸人詩集。蓋三才製爲此硯，奕禧輩題識之耳。

並鐫是詩，隸書，鈐寶同。

御製題舊歙溪石函魚藻硯

分元爲二合成一，無縫天衣有樂魚。宵雅設徵桑扈什，禹之所惡敢忘諸。

陳家瑪瑙趙家石，春渚稱奇載紀聞。未肯缶中還置水，恐防躍去沼之濆。

舊歙溪蒼玉硯説

硯高五寸七分，寬四寸二分，上削四之一，厚六分。舊坑歙溪石也，隨硯材屈曲爲之。受墨處寬平直下，與墨池通。硯首鐫『歙溪蒼玉』四字，左側鐫『康熙壬午』四字，右側鐫『石友』二字，俱行書。硯背鐫銘五十七字，下署『金廷對銘』四字款，俱行書。金廷對，無考。是硯質理密緻，眉紋隱起如枯松化石，雖製作未古，而舊坑佳品亦正不易得也。匣蓋鐫御題銘一首，隸書，鈐寶一：曰幾暇怡情。上鐫『白岳分雲』四字，篆書。

御製舊歙溪蒼玉硯銘

觀文含星，抱質守黑。黄海之松，同生其宅。曰維眉壽，在棐几之側。

金廷對銘：歙石貴，純黑尤貴。唐開而宋盡矣。藴蓄數百年而此爲拔萃。水中隱隱者，山水繪耶。乾時黯黯者，星月退耶。其磨厲我之八石烟也，又不知幾何歲矣。

舊𧇃村石蘭亭硯説

硯高八寸三分，寬五寸五分，厚一寸九分。𧇃村舊坑石也。硯面及側面四周通刻蘭亭脩稧景及與會群賢。硯面天然水蛀爲墨池，池下平處爲受墨處。左方鐫晋王羲之詩三十二字，側面鐫王肅之詩十六字，右側鐫王豐之詩十六字，上方鐫王彬之詩十六字，下側鐫王凝之詩十六字。覆手深一寸，中鐫羲之《蘭亭敘》一首，並行書，不署書者姓氏。外跗周鐫御題詩一首，楷書，鈐寶一：曰乾隆宸翰。是硯質理堅潤，雕刻亦渾樸，其爲舊石舊製無疑。匣蓋鐫御題詩與硯同，隸書，鈐寶二：曰乾，隆。

御製題舊𧇃村石蘭亭硯

舊坑想出𧇃村湄，圖作蘭亭脩稧時。韻事自來應入畫，雅人端合有深思。崇山峻嶺依然在，視昔猶今定不疑。預告臨池摹帖者，阿誰成弗愧羲之。（注）

朱彝尊井田硯説

硯高四寸六分許，寬二寸八分，厚八分許。端溪水坑石，質理細潤。受墨處微凹，斜連墨池。上下微露陽文『井』字，四角俱有剥蝕。覆手内界陰文『井』字。中圓如井口，環鐫銘九字，篆書。左側面鐫『秀水朱彝尊銘』六字，行書。下方側鐫御題詩一首，楷書，鈐寶一：曰古香。匣蓋並鐫是詩，隸書，鈐寶一：曰幾暇怡情。查朱彝尊，號竹垞，秀水人，本朝康熙年間試博學鴻詞，授檢討，所著有《經義考》及《曝書亭集》等甚夥，集中亦載是銘。

第二十二册　附録

松花石雙鳳硯　松花石甘瓜石函硯　松花石壺廬硯　松花石翠雲硯 乾清宫　松花石蟠螭硯　松花石河圖洛書硯　澄泥硃硯 懋勤殿

澄泥墨硯 懋勤殿　宋哥窑蟾蜍硯　舊烏玉硯

松花石雙鳳硯説

硯高五寸三分許，寬三寸五分，厚五分。松花石爲之。横理緑色，如蕉葉初展，碧潤可愛。上方刻鳳凰一，窪下爲墨池，右爲鳳雛一相向。受墨處正平。覆手鐫聖祖仁皇帝御製識語十八字，楷書，鈐寶二：一雙龍圖璽，上下乾坤二卦，中曰『體元主人』，一曰萬幾餘暇。謹案：松花石出混同江邊砥石山，緑色光潤細膩，品埒端歙。自明以前無有取爲硯材者，故硯譜皆未載之。我朝發祥東土，扶輿磅礴之氣應候而顯，故地不愛寶，以翊文明之運。自康熙年至今取爲硯材以進御者，内府所藏琳瑯滿目，謹擇列祖暨皇上曾經御用有款識者，恭採六方，繪圖著説，冠於硯譜之首，用以照耀萬古云。

聖祖仁皇帝御製松花石雙鳳硯識語

壽古而質潤，色緑而聲清。起墨益毫，故其寶也。

松花石甘瓜石函硯説

硯高四寸三分，下寬二寸八分，而上微斂，厚一寸二分。松花石爲之。硯體橢圓，作甘瓜形，八棱。上方左刻爲瓜蒂鬚葉，下垂葉有虫蛀痕，

御製題松花石翠雲硯

松花江水西北來，摇波鼓浪殷其雷。波收浪捲灘石出，高低列翠如雲堆。屬相八陣此其種，江間水流石不動。日月臨照晶光華，波濤濯洗如璧珙。長刀槎枒繩脩蛇，刀割繩縛出灘沙。他山之石爲之碬，氈包車載數千里。遠自關東來至此，横理庚庚緑玉篸。長方片片清秋水，爰命玉人施好手。質堅不受相攻剖，磨礲幾許硯乃成。貯以檀匣陳左右，龍尾鳳咮且姑置。銅雀舊瓦今何有，自熹得此迥出群，錫以嘉名傳不朽。

松花石蟠螭硯説

硯高五寸四分，寬三寸五分，連座厚一寸七分。松花石爲之，橢圓式。硯面色黄如蒸栗。墨池中卧蟠螭一，池深四分許，池底淡碧色。側面周界淡碧色石脈一道。下連座出硯二分許，離几五分許，周刻卧蠶文。座底刻三龍戲珠，雲氣縈繞。中鐫圜寶一：曰乾隆清玩，方寶一：曰奉三無私。匣蓋亦松花石爲之，淡碧色，面刻蘆汀蓉渚，蘋藻交横，鷺鶿九飛，鳴唼食備，極生動。上方鐫《御題蘆洲白鷺畫幅詩》一首，行書，鈐寶二：曰惟精惟一，曰乾隆宸翰。蓋内鐫御題銘一首，楷書，鈐寶一：曰永寶用之。

御製松花石蟠螭硯銘

出天漢，勝玉英。琢爲研，純粹精。勑幾摛藻屢省成。

御製題蘆洲白鷺畫幅詩：縠紋摇漾水天秋，蘆葦蕭蕭颭晚洲。妙趣《南華》誰解得，祇應鷗鷺一群遊。

松花石河圖洛書硯説

硯高五寸五分，寬三寸六分，連座厚五分。松花石爲之。四圍正黄色。墨池旁刻雙螭，昂首内向。受墨處嵌緑色石一片，約長三寸四分，寬

宋哥窑蟾蜍硯説

硯爲蟾蜍形，高四寸四分許，寬三寸七分許，厚一寸一分。宋哥窑製，釉文冰裂，胎質紫黝。蟾背無釉，爲受墨處。上方爲墨池，周側隱起如股脚結曲形。蟾腹爲覆手，深五分許。中鐫『永壽』二字，篆書。周鐫御題詩一首，楷書，鈐寶一：曰德充符。匣蓋内並鐫是詩，鈐寶二：曰會心不遠，曰德充符。考磁硯，古今硯譜皆未著録，惟宋米芾《硯史》稱杭州龍華寺收梁傅大士甆硯一枚，磨墨處無磁油，殊著墨。是硯似仿其意爲之。又考宋時有生一生二弟兄，皆以窑器著。而生一所製尤良，當時號曰哥窑云。

御製題宋哥窑蟾蜍硯

書滴曾聞漢廣川，翻然爲硯永其年。若論生一陶成物，自合揮毫興湧泉。

舊烏玉硯説

硯爲琴式，高七寸四分，尾寬二寸五分，首寬三寸二分。烏玉色純黑，扣之聲璆然。中爲受墨處微窪，墨池深三分許。上鐫御題詩一首，楷書，鈐寶二：曰比德，曰朗潤。覆手製如琴腹，上琢鳳池，中龍池，兩池之間高起爲鳳足二，所以承琴。龍池上鐫『太古』二字，左右鐫『烏玉墨硯』四字，俱篆書。下琢爲軫池，池側高起凫掌二，所以護軫。考玉硯，僅見宋米芾《硯史》，有自製蒼玉硯，而烏玉流傳尤鮮。惟《周禮》有元璜，禮北方之文。《潛確類書》亦載玉有五色，元玉曰瑿，黑玉曰瑎，其光可鏡曰玖。是硯色如純漆而寶光外瑩，用之經冬不冰，雖發墨微遜端溪，要爲文房珍品，堪備硯林別乘。匣蓋鐫御題詩與硯同，隸書，鈐寶二：曰乾隆宸翰，曰惟精惟一。

第二十三册　附録

紫金石太平有象硯説

硯高六寸五分，寬四寸五分，厚一寸一分。臨朐紫金石也。硯面正平，受墨處刻爲瓶形，旁綴象耳，貫以雙環，瓶口爲墨池。硯背刻象形，背負寶瓶。上方鎸御題詩一首，楷書，鈐寶二：曰會心不遠，曰德充符。匣蓋並鎸是詩，隸書，鈐寶二：曰幾暇怡情，曰得佳趣。考宋高似孫《硯箋》稱，紫金石出臨朐，色紫潤澤，發墨如端、歙；又稱唐時競取爲硯，芒潤清響，國初已乏云云。當由端、歙既盛行，採取者少，故甚少流傳耳。是硯質理既佳，琢製亦精，堪備硯林一格。

御製題紫金石太平有象硯

紫金石硯臨朐産，起墨益毫略次端。刻作太平稱有象，斯之未信敢心寬。

駝基石五螭硯説

硯高五寸七分，寬四寸，厚一寸一分。駝基石爲之。受墨處寬平，墨池深廣。中刻蟠螭一，邊刻作四螭遶之。覆手鎸御題詩一首，楷書，鈐寶二：

而瑩潤宜墨，文彩煥發，真文房佳器也。

御製題紅絲石四直硯

紅絲鸚鵡昨曾吟，小式直方茲盍簪。未識拔茅聲應處，能如斯否愓予心。

澄泥八方硯説

硯八棱，體徑三寸五分，棱徑三寸八分，厚五分。澄泥爲之，澹黄色。受墨處正平，斜入墨池，深三分許。上方側面鐫『澄泥八方硯』五字，楷書。覆手深一分許，中鐫御題銘一首，楷書，鈐寶一：曰比德。匣蓋並鐫是銘，隸書，鈐寶一：曰德充符。匣底内鐫『乾隆御用』，外鐫『澄泥八方硯』，俱隸書。

御製澄泥八方硯銘

四圍四隅，義具八方。匪燥匪濕，含陰含陽。從模則柔，以陶則剛。用之綸綍，慎茲典常。

仿魏興和甎硯説

硯高四寸四分，寬二寸九分，厚三分。澄泥質，橢圓式。受墨處周刻邊線如瓶形，瓶口爲墨池，深二分。上方側鐫『仿魏興和甎硯』六字，楷書。硯背鐫御題銘一首，楷書，鈐寶二：曰乾，隆。是硯蓋倣内府舊藏甎硯作，而彼則外方内圓，此則竟作瓶形。且色如黄玉，扣之作金石聲，真堪媲美。

鐫御題銘一首，楷書，鈐寶一：曰會心不遠。匣蓋並鐫是銘，隸書，鈐寶二：曰幾暇怡情，曰得佳趣。是硯係宋坑石，仿内府舊藏唐菱鏡硯式製。

御製仿唐菱鏡硯

製仿唐，石猶宋。出古坑，成今礱。鴝眼一，如月洞。異鏡明，具鏡用。百代鑒，六義供。

仿唐菱鏡硯説

硯如菱花而九出，徑各四寸六分，厚六分許。歙石，色微黝。受墨處正平如鏡，亦爲菱花式，外環墨池。硯背花瓣仰承三跗，附萼上方鐫『仿唐菱鏡硯』五字，楷書。左界石脈一道，中有金星一。下鐫御題銘一首，楷書，鈐寶二：曰乾，隆。案：内府舊藏唐菱鏡硯本係歙石，皇上曾命以宋端舊石仿式爲之。兹復以舊歙石仿製是硯，並各爲之銘。兩美競爽，並爲文房佳品。匣蓋鐫御題銘與硯同，鈐寶一：曰乾隆宸翰。中鐫乾卦圓寶一。匣底鐫『仿唐菱鏡硯』五字，楷書。鈐寶一：曰乾隆御玩。

御製仿唐菱鏡硯銘

菱花叀瓣，肖厥鏡形。匪銅玻瓈，石出歙坑。唐有此製，師古用成。愓殷鑒以自照，詎曰摛文是寶。

仿唐觀象硯説

硯八棱，棱廣四寸八分，徑四寸五分，厚四分。端石製。硯首鸜鵒活眼一，高似孫《硯箋》所謂端溪石以高眼爲貴是也。下爲墨池，深二分。

仿宋宣和梁苑雕龍硯説

硯高五寸九分，寬二寸九分，厚一寸二分。舊端溪石。受墨處外三面環以墨池，邊左右周刻升降龍各二，上下抱珠。硯首穹起，中鑿一竅，竪爲碑形。穹起處刻爲波紋十層。下方側面鐫御題銘十二字，如半環右旋。硯首穹起處環竅接鐫銘十二字，亦右旋，俱篆書。覆手四面斜削爲跗。中鐫『大清乾隆仿製』六字，篆書。案：内府舊藏宋宣和梁苑雕龍硯一，是硯仿式爲之。雕鏤尺寸，不爽銖黍。惟舊銘從硯首右旋接下方側面讀，此處御銘從下方側面右旋接硯首讀，爲稍異耳。匣蓋鐫御題銘與硯同，鈐寶二：曰乾，隆。

御製仿宋宣和梁苑雕龍硯銘

琢蜿蜒，含氤氳。龍德符，昭其文。髣乎彿，闡舊聞。游天池，蒸墨雲。

第二十四册　附録

倣古六硯 寧壽宮　倣漢未央甎海天初月硯　倣漢石渠閣瓦硯　倣唐八棱澄泥硯　倣宋玉兔朝元硯　倣宋德壽殿犀文硯　仿宋天成風字硯　倣古六硯 淳化軒　倣漢未央甎海天初月硯　倣漢石渠閣瓦硯　倣唐八棱澄泥硯　倣宋玉兔朝元硯　倣宋德壽殿犀文硯　倣宋天成風字硯　倣古澄泥六硯　倣漢未央甎海天初月硯　倣漢石渠閣瓦硯　倣唐八棱澄泥硯　倣宋玉兔朝元硯　倣宋德壽殿犀文硯　倣宋天成風字硯

倣漢未央甎海天初月硯説

硯高四寸五分，寬二寸九分。端溪石，色紫，質潤，橢圓式。硯首墨池深四分，狀如海月初升。上方側鐫『仿漢未央甎海天初月硯』十字，楷書。硯背正平，鐫御題銘一首，楷書，鈐寶二：曰乾，隆。考明高濂《遵生八牋》稱，未央磚頭，色黄黑，扣之聲清而堅，上有『建安十五年』字。硯蓋仿此爲之，而不摹『建安十五年』五字。匣蓋外『仿漢未央甎海天初月硯』十字，内鐫御題銘與硯同，並隸書，鈐寶二：曰會心不遠，曰德充符。匣底内鐫『乾隆御用』四字。

御製仿漢未央海天初月硯銘

海天初月昇於水，素華朗照清莫比。鄴侯之磚曾無此，誰與題名難議擬。翰筵静用實佳矣，抽思啓秘有若是。

仿宋玉兔朝元硯説

硯徑三寸二分，厚七分。歙溪眉子石製，正圓如月。上方側鐫『仿宋玉兔朝元硯』七字，楷書。硯背覆手内刻月輪顧兔。周鐫御題銘一首，楷書，鈐寶一：曰會心不遠。考明高濂《遵生八牋》稱，細羅紋刷絲歙硯，面有蔥色，兔、月二像，巧若畫成，更無凹凸，真五代前物仿刻，建中靖國元年改製。是硯眉子紋深淺隱躍，所刻玉兔朝元形微凸，尤極渾成，惟不摹『建中靖國元年』字。匣蓋外鐫『仿宋玉兔朝元硯』七字。内鐫御題銘與硯同，並隸書，鈐寶二：曰會心不遠，曰德充符。匣底内鐫『乾隆御用』四字。

御製仿宋玉兔朝元硯銘

小圓大圓如月盈，其中更孕玉麑形。文房受墨宜管城，宣毫顧處能無情。

仿宋德壽殿犀紋硯説

硯高四寸二分，寬二寸三分，厚六分。長方式，色深黑，歙阬之佳者。面週刻犀紋，中受墨處爲瓶頸式，瓶口爲墨池，深二分。上方側鐫『仿宋德壽殿犀紋硯』八字，楷書。硯背正平，鐫御題銘一首，楷書，鈐寶二：曰幾暇怡情，曰得佳趣。考明高濂《遵生八牋》稱，天生石面，儼肖犀紋，毫無雕琢，後刻『德壽殿』字，下有御押印文曰『德壽殿書寶』。是硯依式仿製，刻作天成，惟不橅御押『德壽殿』字及御押印文。匣蓋外鐫『仿宋德壽殿犀紋硯』八字，内鐫御題銘與硯同，並隸書，鈐寶二：曰會心不遠，曰德充符。匣底内鐫『乾隆御用』四字。

御製仿宋德壽殿犀紋硯銘

硯研理，犀通靈，純蒼玉質爲瓶形。數其典兮德壽，興我懷兮守口。

師其跡而不承其譌，是亦稽古之一助焉。

仿漢石渠閣瓦硯説

硯以歙石爲之，形體尺度並與舊式仿製同。上方側面鐫『仿漢石渠閣瓦硯』七字，楷書。硯面上方鐫御題銘一首，楷書，鈐寶二：曰比德，曰朗潤。匣蓋並鐫是銘，隸書，鈐寶同。匣底内鐫『乾隆御用』四字。外鐫『仿漢石渠閣瓦硯』七字，並隸書。

御製仿漢石渠閣瓦硯銘

其制維何，致之石渠。其用維何，承以方諸。研朱滴露潤有餘，文津閣鑒四庫書。

仿唐八棱澄泥硯説

硯以端石爲之，形體尺度並與舊石仿製同。上方側面鐫『仿唐八棱澄泥硯』七字，楷書。硯背鐫御題銘一首，楷書，鈐寶二：曰會心不遠，曰德充符。匣蓋並鐫是銘，隸書，鈐寶同。匣底内鐫『乾隆御用』四字。外鐫『仿唐八棱澄泥硯』七字，並隸書。

御製仿唐八棱澄泥硯銘

一規内涵八棱砥，琢端匹絳潤而理，平水圓璧安足擬。

匣蓋並鐫是銘，隸書，鈐寶同。匣底内鐫『乾隆御用』四字。外鐫『仿宋天成風字硯』七字，並隸書。謹案：以上六硯亦擇内府所藏佳石仿古作之，式既古雅，製復精妙，與別製各分綈几文窗，分函貯賞，互相輝映，墨池恩雨，沾潤萬年，並足爲硯林增故事云。

御製仿宋天成風字硯銘

春之德風，大塊噫氣。從蟲諧聲，於凡制字。谷則爲雨，潤物斯濟。石墨相著，行若陲置。豈惟天成，亦有人事。擬而議之，既純且粹。

仿漢未央甎海天初月硯説

硯係澄泥製，形體尺度並與端石仿製硯同。上方側亦鐫『仿漢未央甎海天初月硯』十字，楷書。硯背鐫御題銘一首，亦楷書，鈐寶二：曰比德，曰朗潤。匣蓋並鐫是銘，隸書，鈐寶二：曰乾，隆。

御製仿漢未央海天初月硯銘

未央之甎，海天之月。泥豈異其埏埴，魄自永其圓缺。合而爲研，滴露芳醑。詠希逸兮賦句，發清興以無歇。

仿漢石渠閣瓦硯説

硯係澄泥製，形體尺度與舊歙溪石仿製硯同。上方側亦鐫『仿漢石渠閣瓦硯』七字，楷書。硯面上方鐫御題銘一首，楷書，鈐寶一：曰比德。匣蓋並鐫是銘，隸書，鈐寶二：曰古香，曰太璞。

仿宋德壽殿犀紋硯説

硯係澄泥製，形體尺度與歙石仿製硯同。上方側亦鐫『仿宋德壽殿犀紋硯』八字，楷書。硯背鐫御題銘一首，楷書，鈐寶二：曰會心不遠，曰德充符。匣蓋並鐫是銘，隸書，鈐寶二：曰古香，曰太璞。

御製仿宋德壽殿犀紋硯銘

犀其文，缾其口。製始誰，宋德壽。法伊書，吾何有。論伊人，吾弗取。

仿宋天成風字硯説

硯係澄泥製，形體尺度與舊坑歙石仿製硯同。上方側鐫『仿宋天成風字硯』七字，楷書。硯背鐫御題銘一首，楷書，鈐寶二：曰比德，曰朗潤。匣蓋並鐫是銘，隸書，鈐寶二：曰乾，隆。謹案：仿古六硯，皇上既出内府舊石，屢命仿造，兹復選澄泥佳質爲之，銘詞三錫，盛緬虞薰，戒存宋殿，而於《旅獒》玩物之訓，尤三致意焉。臣等循誦絡繹，仰見大聖人心法治法，蓋即小可以寓大云。

御製仿宋天成風字硯銘

庶徵有五風惟殿，休咎之間聖蒙辨。叶。趙宋製斯風字硯，曰時曰恒其義見。漉沙得泥自絳縣，爰仿厥式綈几薦。緬想歌薰萬民奠，敢恃誇雄一已擅。叶。

一　前人譜硯，往往詳於説而略於圖，惟明高濂《遵生八牋》，圖、説並列，然亦略具形模，未彰全體。是譜所繪尺度，既用線法收分，其不及分者，注明硯圖之首。至其形製刻畫，若蓬萊道山、蘭亭等圖，細至夔螭虫鳥，無不摹寫入微。而於石質損駁眼蛀、金星翡翠之屬，尤極意皴染，各開生面。其有一圖繪至三四面者，蓋御題鈐寶及前人銘款印記，分列各面，非是不能彙其全也。

一　是譜薈萃古今，得硯二百。陶則漢甓稱首，而唐宋以下澄泥舊製胥隸焉。石則晉硯開先，而端、歙、艛村諸舊石屬焉。餘若玉、磁二種，雖曾載米《史》，而流傳頗尠，且不適用。紫金紅絲之類，雖諸家亦曾記録，而石質較遜，祇堪附載，以備一體，不登正録。洪惟我朝發祥東土，混同緑砥，德比玉温，琢硯進御，經列聖暨皇上御題者甚富，謹擇其質良製佳者，譜諸附録之首，以見文運肇興，扶輿彰瑞。至於硃、墨二硯，倣古各式，均出睿裁評定。

乙夜披章，淋漓丹墨，以殿斯譜，不獨如獅尾神王，抑足爲石友慶遭逢於不朽云。

乾隆四十三年，歲在戊戌嘉平月，臣于敏中、臣梁國治、臣王杰、臣董誥、臣錢汝誠、臣曹文埴、臣金士松、臣陳孝泳奉敕恭校訂，臣門應兆奉敕恭繪。

宋澄泥蟠螭硯
宋澄泥夔紋硯
宋澄泥直方硯

第五冊　陶之屬

宋澄泥璧水硯 倦勤齋
宋澄泥列錢硯 絳雪軒
宋澄泥蟠夔石渠硯
宋澄泥倣建安瓦鐘硯
宋澄泥倣唐石渠硯
宋澄泥海濤異獸硯
元趙孟頫澄泥斧硯 養心殿
元虞集澄泉結翠硯 養性殿
元澄泥龍珠硯 乾清宮

第六冊　陶之屬

明製瓦硯
舊澄泥方池硯 齋宮
舊澄泥卷荷硯 坤寧宮東暖閣
舊澄泥玉堂硯一 懋勤殿
舊澄泥玉堂硯二
舊澄泥藻文石渠硯
舊澄泥伏犀硯
舊澄泥鐘硯
舊澄泥四直硯

第七冊　石之屬

晉王廞璧水暖硯 乾清宮
晉玉蘭堂硯 乾清宮
唐褚遂良端溪石渠硯
唐觀象硯 乾清宮
唐蔆鏡硯 乾清宮
宋宣和梁苑雕龍硯 養性殿
宋宣和海珠硯
宋宣和洗象硯
宋宣和風字煖硯

第八冊　石之屬

宋宣和八卦十二辰硯
宋宣和八柱硯 熱河
宋端石睿思東閣硯 乾清宮
宋蘇軾石渠硯 翠雲館
宋蘇軾結繩硯 敬勝齋
宋蘇軾東井硯 咸福宮
宋蘇軾端石硯 玉玲瓏館
宋蘇軾從星硯 景福宮
宋蘇軾龍珠硯
宋晁補之玉堂硯 絳雪軒

第九冊　石之屬

宋米芾遠岫奇峰硯 養性殿

宋蕉白太素硯
宋蕉白文瀾硯
宋緑端蘭亭硯
宋龍尾石涵星硯 澄虛榭

第十四册 石之屬

宋艧村石泰交硯 皆春閣
宋艧村石聽雨硯 熱河
宋艧村石鳳池硯
元趙孟頫松化石硯
元黄公望凝菴硯
元釋海雲端石硯
元凝松硯 乾清宫
明楊士奇舊端子石硯
明唐寅龍尾石瓦硯 翠雲館
明李夢陽端石圭硯 賞皇十一子

第十五册 石之屬

明文徵明琭玉硯 養心殿
明董其昌畫禪室端石硯 養心殿
明項元汴餅硯 養性齋
明項元汴東井硯 咸福宫
明林春澤人端硯 安瀾園
明楊明時子石科斗硯
明蒼雪菴鳳池硯
舊端石鳳池硯 養心殿
舊端石雙龍硯 延春閣
舊端石飲鹿硯 千秋亭

第十六册 石之屬

舊端石海天浴日硯 寧壽宫
舊端石太極硯 淳化軒
舊端溪子石五明硯 秀清村
舊端石弦文硯 瀛臺
舊端石折波硯 淳化軒
舊端石九子硯 熱河
舊端石弁星硯 延春閣
舊端石荷葉硯
舊端石蟬硯 延暉閣
舊端石饕餮夔紋硯 養心殿

第十七册 石之屬

舊端石石田硯
舊端石六龍硯
舊端石蟠夔鐘硯
舊端石洛書硯
舊端石鵝硯
舊端石雲芝硯
舊端石松皮硯
舊端石括囊硯
舊端石浮鵝硯
舊端石星羅硯

松花石蟠螭硯
松花石河圖洛書硯
澄泥硃硯　懋勤殿
澄泥墨硯　懋勤殿
宋哥窑蟾蜍硯
舊烏玉硯

第二十三冊　附録

紫金石太平有象硯
駝基石五螭硯
紅絲石風字硯
紅絲石四直硯
澄泥八方硯
倣魏興和甎硯　弘德殿
倣唐八棱澄泥硯　樂壽堂
倣唐湊鏡硯一　景福宮
倣唐湊鏡硯二　愼修思永
倣唐觀象硯　萬方安和
倣澄泥虎伏硯　文源閣
倣宋宣和梁苑雕龍硯　養性殿

第二十四冊　附録

倣古六硯　寧壽宮
　倣漢未央甎海天初月硯
　倣漢石渠閣瓦硯
　倣唐八棱澄泥硯
　倣宋玉兔朝元硯
　倣宋德壽殿犀文硯
　倣宋天成風字硯
倣古六硯　淳化軒
　倣漢未央甎海天初月硯
　倣漢石渠閣瓦硯
　倣唐八棱澄泥硯
　倣宋玉兔朝元硯
　倣宋德壽殿犀文硯
　倣宋天成風字硯
倣古澄泥六硯
　倣漢未央甎海天初月硯
　倣漢石渠閣瓦硯
　倣唐八棱澄泥硯
　倣宋玉兔朝元硯
　倣宋德壽殿犀文硯
　倣宋天成風字硯

燕啄皇孫炎火微，頓教闕户嗟豐蔀。金銅仙人辭漢去，清淚汍汍濕肩肘。一木難支大廈傾，荆煙墟露埋形久。何人湔剔供濡毫，青鐵視此翻覺醜。呵之有澤理緻精，弊而不壞純且厚。以静爲用故永年，尚卿螺子爲文友。銅雀硯亦擅佳名，陶成四百年以後。共置明窗浄几間，阿瞞有知應自咎。鄴侯豈藉是硯傳，是硯真因鄴侯壽。

臣梁詩正銘：玄雲蒸，蒼玉獲。未央瓦，鄴侯作。軼甘泉，藐銅雀。刀筆意，早相託。到於今，伴圖籍。播清芬，石渠閣。

臣張若靄識語：前千百年，漢家爲宫。陶人效之，鄴侯監之。後千百年，漢宫何在。耕者得之，文房用之。

臣董邦達七言古詩：未央宫成刀筆吏，参差萬瓦如鱗次。宫殘一片寶於珉，斑斑猶見鄴侯字。巧匠鐫鑱作硯材，墨卿管子同驅使。黝色長沾雨氣青，堅光不碍霜華漬。回視當年萬瓦群，羞與噲等名相廁。

臣汪由敦銘：炎祚開，紫宫新。陶甓良，垂千春。宜豪墨，璧府珍。

臣勵宗萬銘：歲古不磨，物堅斯壽。宫弗厭卑，器亦求舊。眷兹鴛飛，用儕鳳咮。製樸以淳，質渾而厚。潤色鴻文，功昭世宙。

臣陳邦彦銘：漢宫鴛瓦兮，匪玉匪石。承明鳳池兮，如圭如璧。長奉君王染翰兮，億萬年其無斁。

臣裘曰修銘：阿房火後未央出，高拂星辰薄雲日。轉眼銅駝卧荊棘，瓦聲墮地秋蕭瑟。雨蝕沙埋光彩溢，題字摩挲未全失。緊誰規作文房物，觀乎人文占象吉。招邀龍賓走不聿，襲以緹緗副芸帙，用佐休明彰黼黻。

漢未央宫北温室殿瓦硯説

硯高七寸八分，兩趺相距四寸五分，厚六分，筩穹起二寸四分。質理堅緻，色黝黑，受墨處橢圓式。硯池深四分，左方鐫『喬簣成家藏』五字，隸書。下有『駙馬都尉晉卿家藏』方印一。右方有『鮮于』圓印一，『伯幾』方印一，『困學齋』方印一。筩首側作雲螭文。硯上方鐫御題銘一首，楷書，鈐寶二：曰乾隆，曰御玩。左側鐫臣汪由敦銘一首，篆書；臣張若靄、臣董邦達銘各一首，俱隸書。右側鐫臣梁詩正、臣勵宗萬、臣裘曰修銘各一首，

左方鐫『寶晋齋真賞』五字，篆書。右方上有『公綬』二字方印一。下鐫『老鐵』二字，隸書。硯首鐫御題詩一首，楷書，鈐寶二：曰太樸，曰古香。下又鈐寶一：曰乾隆御賞。右旁鐫臣梁詩正銘一首，楷書；臣汪由敦銘一首，篆書；臣勵宗萬銘一首，楷書；臣董邦達銘一首，草書。左旁鐫臣陳邦彦銘一首，楷書；臣張若靄銘一首，隸書；臣裘曰修銘一首，楷書。左邊側面有『松雪齋藏』四字，篆書。硯背印『建安十五年』五字，陽文隸書。上印古錢一，文曰『寶貨』。下印天鹿形一，隆起分許。四周葛麻文。考寶晋、松雪二齋，爲宋米芾、元趙孟頫齋名。元楊維楨，號鐵崖，亦自稱曰老鐵。明姚綬，字公綬，嘉興人，善書畫。是硯體色瑩澤，貯墨含采，與未央宮東閣瓦硯同，而規制小異。歷宋、元、明，俱經賞鑒家收藏，流傳有緒，誠可寶也。匣蓋鐫御題詩與硯同，隸書，鈐寶二：曰會心不遠，曰德充符。

御製題漢銅雀瓦硯

範土爲瓦瓦成石，石瓦土兮誰本質。摩挲蒼玉認前朝，尚有建安年可識。相州當日築高臺，鴛瓦精傳陶氏術。鉛丹細搗雜胡桃，大浸稽天不漏滴。貯歌藏舞鄴齊雲，更擬二喬陳笥席。仲謀孟德今何在，相争霸業春冰釋。銅雀棲荊室奉頹，谷陵遷變匪朝夕。遂使多於帛縷物，一器千金乃不易。何人規爲潤色生，窪尊圓月中繩尺。歲月既久火性沉，潤似端溪老坑出。松滋寶帚獲嘉朋，書媒文畆資幽適。詎數虢州土貢佳，呵之直欲流神液。寄情竹素玩古今，松雪齋中想捉筆。是硯爲趙孟頫家舊藏，今流傳内府。非人磨墨墨磨人，東坡果入維摩室。

臣梁詩正銘：範土鍛火，出離入巽。匪石同堅，得水永潤。

臣汪由敦銘：色黝象天兮涵太素，玉潤金堅兮奎壁護。

臣勵宗萬銘：慎濯磨，壽者静。萬斯年，圖疇永。

臣董邦達銘：陶斯成，净無垢。隆其形，静則壽。發爲文章，函蓋九有。

臣陳邦彦銘：賦形陶冶，鍊質冰雪。温如玉，堅如鐵。以供墨池，與圭璋埒。

蓋細不損筆，膩乃發墨，潤則貯墨含采，澤則水氣外溢不易乾也。端溪水岩石著手如蒸，呵之則水滋，故魏繁欽贊有『漸漬甘液』之語。《揮麈録》載：陳公密硯，每遇陰晦，輒興雲霧。言其質之常潤也。又《文房四譜》云：絳縣人製澄泥硯，水自不涸。韓琦詠古瓦硯詩有『當時此復近簷溜』之句。此漢瓦硯，昔年既承簷溜，且閱歲久遠，故能含潤耳。

漢銅雀瓦硯説

硯高八寸六分，寬五寸四分，厚五分，窬穹起離几一寸七分，漢銅雀瓦爲之。受墨處橢圓，上爲墨池，深五分許。上方鐫御題銘一首，楷書，鈐寶二：曰乾隆，御玩。墨池左鈐寶一：曰乾隆御賞。上方左鐫『雪堂』二字，篆書。右有『龍眠』二字方印一。右旁近邊處鐫『困學齋真賞』五字，隸書。下方近左有『墨林』及『净因菴主』方印二。硯左方鐫臣梁詩正銘一首，楷書；臣張若靄銘一首，隸書；臣裘曰修詩一首，楷書。右方鐫臣汪由敦銘一首，篆書；臣勵宗萬詩一首，楷書；臣董邦達銘一首，隸書；臣陳邦彦詩一首，楷書。硯背印『建安十五年』五字，陽文隸書。上印古錢一，文曰『寶貨』；下印眠鹿一，而與『墨林』印連用，大小如一，或亦元汴所用者。考雪堂在黄岡縣治東，宋蘇軾謫居黄州時建。陸游《入蜀記》云：東坡地勢平曠，東起一壟頗高，有屋三間，曰居士亭，亭下面南一堂，是爲雪堂，軾自爲之記，因以自號。宋李公麟，字伯時，舒州人，第進士，元符中歸老龍眠山中，嘗自作《山莊圖》，爲世寶傳，號龍眠居士。元鮮于樞，字伯幾，漁陽人，官太常寺簿，善行草，趙子昂極推重之，自號困學齋民。明項元汴，字子京，號墨林居士，檇李人，善畫山水古木、墨竹梅蘭，頗有逸趣，兼富鑒藏。是硯歷宋及明，俱有名家收藏圖記，且墨鐫深厚，古香可挹，尤足寶也。蓋鐫御題銘與硯同，鈐寶二：曰幾暇怡情，曰得佳趣。上鐫『銅雀瓦硯』四字隸書。匣底鐫寶一：曰乾隆御玩。

御製漢銅雀瓦硯銘

金仙一去，鄴臺荒也。銅雀片瓦，羽之吉光也。窪其中以爲硯，温潤而栗，直以方也。前有甘泉，後香姜也，得此以鼎足，貯金壺文房也。

下署『敬仲珍藏』四字，隸書。硯背印『建安十五年』五字，隸書。周有葛麻文。考元柯九思，字敬仲，自號丹邱生。明姚綬，號雲東逸史，工翰札，與文徵明同時。是硯蓋經九思珍藏，流傳至綬，而徵明爲之作銘云。匣蓋鐫御題銘與硯同，鈐寶一：曰御賞。上方鐫『蒼精』二字，隸書。匣底内鈐寶一：曰乾隆御玩。

御製漢銅雀瓦硯銘

月露瀶瀶，流爲靈液。烟雲蒼蒼，毓此玄碧。翳高臺之片鱗，邁媧皇之遺石。明文徵明銘：凌風欲翔，涵月無漬。片瓦留傳，琢成如砥。緬遺製於黄初，潤苔花而暈紫。映墨池以相鮮，比鳳咮之爲美。

漢銅雀瓦硯説

硯高八寸一分，寬五寸八分，厚一寸，色黝而澤。考高似孫《硯箋》稱：銅雀瓦澄胡桃油埏，與衆瓦異。此硯彷佛似之。受墨處橢圓，三寸許，墨池深四分。硯首鐫銘三十二字，篆書無款。左右鐫『爲愛陶甄之質，宜加即墨之封』十二字，行書。下方鐫識語二十三字，並『洪武辛未重九臞仙識』九字，皆行書。上方側鐫御題詩一首，隸書，鈐寶二：曰古香，曰太樸。匣蓋並鐫是詩，亦隸書，鈐寶二：曰乾，隆。硯背有葛麻紋。正中印『建安十五年』五字，隸書。考辛未爲明洪武二十四年。臞仙，明寧王權自號，洪武第十七子，即於是年封，好與文士往還，此研或曾經珍玩云。

御製題漢銅雀瓦硯

静爲用復泰爲貞，净几文房永伴清。毛舉不須説毛潁，陶成原得號陶泓。鄴臺一旦辭榱棟，漳野多年埋棘荆。可惜建安空記歲，爾時覬覦早深萌。

硯首銘：惟天降靈，錫我曹甓。值時清明，遇人而出。惜彼陶甄，乃古器質。翰墨是封，以彰以述。

臣勵宗萬銘：凌雲已欹，歌臺何處。片瓦猶存，潤滋僊露。墨侯守之，管城永固。

臣裘曰修銘：割據空，歌舞寂。弔荒基，得遺甓。始摩抄，繼湔滌。召工師，愼脩飾。良材呈，嘉名錫。侶中山，容子墨。堪爲朋，用比德。芸閣中，縹囊側。更千年，永無極。

臣梁詩正銘：建安片瓦今依然，神工遺結文友緣。珍逾蒼玉千秋傳，何似當年燦金碧，臺荒空惜參差跡。

臣張若靄銘：質堅以樸，色黝而渥。用佐豪端，揚清激濁。陋彼魏家，賦詩橫槊。

臣陳邦彦銘：舞臺荒，瓦成石。謝紛華，司簡冊。煥堯文，傳羲畫。硯長存，歌停拍。建安遺，一片碧。

臣董邦達詩：層臺高峙臨清漳，銅雀錫號耀天閶。縹瓦鱗鱗甃禁墻，當塗易代何蒼涼。土花蝕透碧鴛鴦，朅來尋向鄴城疆。建安紀年字一行，輪之天府等琳琅。如琢如磨精且良，不須刓圓更毀方。陶泓清泚疑截肪，彩毫輕試墨花香。錦綺縚絨七寶裝，掩映圖史琴書傍。抉雲漢兮分天章，以壽貞珉千秋光。

御製多福硯銘

惟古有訓，斂時五福。敷錫庶民，幽贊化育。承天之序，厥惟艱哉。視民如傷，孰釋予懷。毋曰九重之宮，而安其躬，念蔀屋之竊歎，每憂心以忡忡。毋曰八珍之膳，而供其宴，念糲食之尚乏，嗟何能以下嚥。錫福謂何，遑云建極，期愆尤之或鮮，恒小心而翼翼。我心如是，我志在茲。視此砥石，貞堅不移。庶天祖之鑒佑，致風雨其咸時，斯蒼生之多福，即予一人之多福，永與薄海而共之。

平州銘：汶水之清，實毓其精。人心抱質，翰墨流英。貽厥孫子，紹我家聲。

又：獲硯即如獲田，有田正可種福。願我世世子孫，慎毋懈於耕讀。

無款識語：見在之福，積自祖宗者，不可不惜。將來之福，遺於子孫者，不可不培。

白毿緣人贊：太山所鍾，汶水所浴。堅勁如鐵，温潤似玉。化爲飛鼯，生生百族。不假雕飾，天然古緑。用而作研，龍尾繼躅。文字之祥，自求多福。

臣任蘭枝銘：朵雲片玉處淵阜，嘘氣如虹上衝斗。貢之明堂列几右，赤文緑字無不有。毫端膚寸百靈走，崇朝徧灑歡孩耇。翊贊文明發豐蔀，蒸出芝菌作林藪。民俗登三歲餘九，用介景福俾單厚。九重欽抑志謙受，精意祓濯孚盈缶。敷言錫福騰萬口，尚勵乃績一乃守。舍章静嘿遠氛垢，萬歲千齡奉我后。

臣蔣溥銘：維皇建極，錫福下民。言傳號涣，灑澤爲春。睹茲石英，德象坤厚。蓄故能容，静故能壽。肅陳丹几，夙夜懋勤。根柢經訓，扶質敷文。抱貞守一，沾濡朝野。漸之摩之，悠也久也。遜志時敏，聖學日新。仁耕義耨，廣運陶鈞。福被萬邦，中正是秉。銘厥金石，用配盤鼎。

臣劉統勳銘：中和純粹，毓質惟良。以綏多福，嘉名乃彰。福之滋培，既深且長。福之推暨，品類咸昌。體立用行，炳蔚斎皇。有典有則，如圭如璋。味道之腴，潄藝之芳。澤沛蒼黎，輝映巖廊。德洋恩溥，若時雨暘。引之申之，積厚流光。日新又新，茀禄用康。文同九有，慶錫無疆。

臣彭啓豐銘：雲根出山，霞蔚其文。墨池灑潤，結藻流芬。以介繁祉，百福千祀。與金並堅，比玉同美。挹彼注茲，潤色鴻熙。出納綸誥，恩膏溥施。

御製題漢瓴石渠硯

寶藏漢時墨，器類楚王磚。質異洪家譜，珍傳朱氏編。陶泓信此耳，居默彼誰焉。設寄鳳池客，寧知八影遷。

漢磚虎伏硯説

硯高五寸，上寬二寸七分，下寬三寸二分，厚約一寸五分許。色黄而黝，質極堅潤，與漢瓴及未央瓦絶相類。琢爲伏虎形。中剖爲硯，如石函式。上函爲蓋，虎首左顧，旋毛文炳，遍體青緑砂斑，兼有剥蝕。下函爲硯，受墨處寬平，硯池正圓，爲太極圖式。四周墨鏽深厚，真數百年前製。底刻虎足，跧伏形，爪距宛然。蓋内鐫御題詩一首，隸書，鈐寶二：曰比德，曰朗潤。底鐫『虎伏』二字，篆書。謹案：内府所藏虎形硯，共五方，皆質係澄泥。雖色分黄赤，背款亦有作虎符字，與此不同，而形體尺度大略相仿，疑出宋人手製。惟此硯更爲古澤，似得漢時舊瓴甓治爲之者。匣蓋内鐫御題詩與硯同，鈐寶二：曰會心不遠，曰德充符。

御製題漢瓴虎伏硯

古瓴疑出未央宫，泥質全澄色類銅。小篆何人刻虎伏，於菟那足擬文雄。

魏興和瓴硯説

硯高四寸一分，寬二寸九分，厚六分。魏興和時瓴也。質細聲堅，古意穆然，不知何時始琢爲硯。面正平，受墨處刻作瓶式，即瓶口爲墨池，深二分。硯側週鐫御題銘一首，楷書，鈐寶一：曰比德。硯背鐫『大魏興和年造』六字，隸書。上方左側嵌半兩錢一枚，並玉蕊片二，似係入土年久粘漬者。

唐石渠硯説

硯方二寸五分，厚一寸五分，趺高分許，澄泥爲之。四邊及側俱作雷回文。周環石渠，渠深廣各二分許。中爲受墨處，方一寸六分，色深紫。四側各綴獸面銅鐶一，夾以蟠螭各二。上下周勒絢紋。四足高分許，亦作獸面緣趺。硯背深窪，四分正方，中有『貽子孫』方印一。沿邊周鐫御題銘一首，隸書，鈐寶一：曰太璞。是硯紫泥瑩潤，如銅如石，而土花鏽澁，金碧青紅，莫名一狀。與前唐石渠硯形式較小，款製正同，真千年古物也。匣蓋外鐫御題銘與硯同，隸書，鈐寶一：曰德充符。蓋内鐫乾卦一。匣底外鐫『乾隆御用』四字，楷書。

御製唐石渠硯銘

方盈寸有半，圍以渠而周。銅乎石乎泥乎，合一相，閱千秋。邊幅雖小，其用無窮。如寸田，贊化工。

唐澄泥六螭石渠硯説

硯高五寸六分，寬三寸六分，厚一寸二分。澄泥爲之。長方式。周環以渠，深八分。受墨處上方微仰。渠外邊周刻卧蠶紋。側面刻六螭，左右各二，上下各一。覆手深五分許，作兩層，與硯面相應。中鐫御題銘一首，楷書，鈐寶二：曰比德、曰朗潤。是硯質細體輕，墨華融結，剥蝕處古意穆然，必非唐以後所能爲。與内府舊藏唐石渠硯，雖一紫一黄，色有不同，形製亦異，而閲世千餘，墨寶流傳，並陳瑶席，洵非偶然也。匣蓋鐫御題銘與硯同，隸書，鈐寶一：曰德充符。

御製唐澄泥六螭石渠硯銘

石渠唐硯，久藏内府兮。貢來六螭，物必有偶兮。呵之發潤，筆花墨雨兮。竟體剥蝕，華紋吞吐兮。玉尚有瑕，況斯甄土兮。何物永堅，爲之意憮兮。

臣梁詩正詩：良工舊製出延和，宣示依然瑩不磨。鳳咮相看齊拱璧，龍文宛在識迴波。似從滴露添餘繡，疑有涵星照影娥。閱世今知遭際好，千秋長得奉宸歌。

臣劉統勳詩：以陶代石土膏和，宋製流傳妙琢磨。金錫同堅留古暈，蚌珠比潤泫微波。試來蒼璧浮星彩，浴向清池映月娥。長佐揮毫天藻麗，紫雲舊句漫成歌。

宋張栻寫經澄泥硯説

硯爲風字式，高四寸，上寬二寸六分，下寬三寸一分，厚八分。宋澄泥製。質輕而細，淡黃色，澄泥之上品也。受墨處斗入，墨池深四分許。墨鏽深裹，徧體剥蝕。右側鐫『南軒老人寫經硯』七字，隸書。硯字下半刓缺不全。覆手兩旁自上直勒下，兩跗離几五分許。中鐫御題詩一首，楷書，鈐寶二：曰會心不遠，曰德充符。匣蓋並鐫是詩，隸書，鈐寶一：曰德充符。考宋張栻，字敬夫，浚子，以蔭入官，仕終右文殿修撰，提舉武夷山冲佑觀，學者稱爲南軒先生。是硯當即其著述時所用也。匣蓋鐫御題詩與硯同，隸書，鈐寶一：曰德充符。

御製題宋張栻寫經硯澄泥硯

南軒曾是友龍賓，師事胡宏授受真。治郡立朝多實踐，空言道學豈其人。

宋澄泥虎符硯説

硯高四寸五分，上寬二寸四分，下寬二寸七分，厚一寸五分。澄泥爲之。式同漢甎虎伏硯，而背有旋紋，自左上方斜帶右股，遍體青綠駁蝕。中尚露雷紋幾處，細如金錯。墨池如偃月，受墨處色淡而潤，墨鏽濃厚，砂斑點點。底刻『虎伏』二字，篆書，『符』字爲青綠所蝕，幾不可辨，

式。底多駁落痕。上下合縫處右鐫『以照信兵』四字，左鐫『國以永寧』四字，俱篆書，亦無款。硯面邊周鐫御題銘一首，篆書，鈐寶一：曰乾隆。匣蓋内並鐫是銘，隸書，鈐寶二：曰幾暇怡情，曰得佳趣。

御製宋澄泥虎符硯銘

貌其金，質其土。象虎符，詰戎旅。彰斯文，濟彼武。草露布，是資汝。

宋澄泥虎符硯説

硯高四寸四分，上寬二寸五分，下如之，厚寸五分許。亦澄泥，宋製，與前同而色淡黄，形體略方。硯蓋虎頭亦方，而右顧。遍體皆臥蠶紋，微有剥落。硯面及蓋合縫處亦多剥落。硯池作如意式，下覆底全剥蝕，無虎足跧伏形。蓋内鐫御題銘一首，篆書，鈐寶二：曰乾，隆。匣蓋内並鐫是銘，隸書，鈐寶一：曰德充符。

御製宋澄泥虎符硯銘

汾州舊製囊沙濘，是陶是冶良工整。如金如石爲用静，大人虎變其文炳，自新新民吾應省。

宋澄泥石函硯説

硯底高四寸五分，蓋高三寸七分。底上方寬四寸許，下寬四寸三分。蓋上方寬三寸四分，下寬三寸六分。斗檢形，下豐上鋭。底蓋通厚一寸八分，澄泥中剖，不加礱治，自然鬭筍。蓋外面鐫『石函』二字，篆書。内面深三分，中鐫御題銘一首，隸書，鈐寶一：曰德充符。受墨處亦深三分許，

宋澄泥石函硯説

硯高三寸七分，上寬二寸七分，下寬三寸三分。蓋厚七分，底厚八分許，通厚一寸五分，澄泥爲之。中剖處凹凸自然，不加礱治。蓋面左方及左右下方俱有剥蝕。正中鐫『石函』二字，篆書。蓋裏深三分，鐫御題銘一首，楷書，鈐寶二：曰比德，曰朗潤。硯面正平而微窪，上方墨池深三分許。硯背作井字，中圓如井形，亦微有剥蝕。左側合縫處鐫銘十六字，篆書，末署『宧光』二字款，行書。首有『片雲』二字橢圓印一，末有『凡夫』二字方印一。考明趙宧光，蘇州人，號凡夫，隱寒山，工篆書。是硯較前二硯，土質稍粗，似遜一籌，而製式相同，且經凡夫鑒藏，亦可寶也。匣蓋鐫御題銘與硯同，隸書，鈐寶一：曰古香。

御製宋澄泥石函硯銘

瓦以漢稱，遠或僞成。泥以宋澄，近而可徵。逮茲其三，石函製同。寓法化報，三身義精。況鈐凡夫，寒山用經。憶彼隱處，我曾偶停。片雲之軒，水緑山青。想其揮豪，益助性靈。而何賁然，懋勤是登。擬詢陶泓，何以賁情。

趙宧光銘：發我元光，助我靈筆。傳百十世，壽永月日。

宋翠濤硯説

硯高六寸，寬四寸，厚一寸。宋澄泥製。受墨處寬平，與墨池通。池深六分，池左有銅器融蝕痕。右粘五銖錢一枚。硯首側鐫『宋硯』二字，隸書。左側鐫御題銘一首，楷書，鈐寶二：曰幾暇怡情，曰得佳趣。右側鐫『翠濤』二字，隸書。兩跗俱有剥蝕。是硯色如黄玉，入土年久，銅氣蒸蝕，蒼翠欲滴，墨鏽亦復深透，可稱硯林逸品。匣蓋外鐫御題銘與硯同，楷書，鈐寶一：曰乾隆宸翰。上鈐寶一：曰乾隆。内鐫『宋硯』二字，匣底内鐫『翠

聯珠。硯池深五分。硯側上鐫『宋澄泥圭硯』五字，楷書。餘三面鐫御題銘一首，楷書，鈐寶一：曰德充符。硯背上刻黻文，中爲雙璜，下爲玄武，皆自然渾璞，非近時製作所能。匣蓋鐫御題銘與硯同，鈐寶二：曰幾暇怡情，曰得佳趣。匣底内鐫『乾隆御玩』四字，下鐫『宋澄泥圭硯』五字，俱隸書。

御製宋澄泥括囊硯銘

言出諸口兮，語書諸手兮，君子之樞機，可不慎坤四之守兮。製硯者義或於此取兮，然予恐過之弗聞，而戒仗馬之醜兮。

宋四螭澄泥硯説

硯八棱，棱徑六寸五分，寬徑六寸一分，厚一寸一分。澄泥爲之。色黄而微緑，質極瑩潤。中受墨處正圓，墨池環爲渠。池中上方鏤爲慶雲拱日，下鏤四螭。通體青緑濃厚，間以砂斑。上方側面鐫『宋四螭澄泥硯』六字，楷書。硯背每棱有跗，覆手内鐫御題銘一首，楷書，鈐寶二：曰會心不遠，曰德充符。是硯體質瑰厚，而較常硯爲輕，墨鏽亦透，洵非宋製不能。匣蓋鐫御題銘與硯同，隸書，鈐寶二：曰幾暇怡情，曰得佳趣。匣底内鐫『乾隆御用』四字，外鐫『宋四螭澄泥研』六字，並隸書。

御製宋四螭澄泥硯銘

絳縣秀質，琢爲八方。具有卦義，畫肇羲皇。文字之始，孰尚乎此。研製澄泥，静用久矣。穆如其古，郁若其文。四螭游池，蜿蜿蝹蝹。外泥斯銅，内泥斯石。識泥於何，餘兹墨汁。文房雅友，憬然以思。數百年前，用者伊誰。

宋澄泥黼黻絇紋硯説

硯高四寸四分，寬二寸七分，厚五分。宋澄泥製。通體剥蝕。上方刻黼黻紋，漫漶幾不可辨。硯邊周刻絇紋，墨鏽深厚。硯背鐫御題銘一首，楷書，鈐寶二：曰比德，曰朗潤。是硯製作既雅，閲歲復久，彌覺古香可挹。匣蓋鐫御題銘與硯同，隸書，鈐寶二：曰會心不遠，曰德充符。

御製宋澄泥黼黻絇紋硯銘

宋代澄泥豈曾藏王氏文筵，絇紋黼黻又疑成乎宣和之年。爾時豐亨豫大以飾太平，用致金源之烽烟。時移世變而陶泓如故，曾無變遷，以静爲用，有如是焉。

宋澄泥蕉葉硯説

硯高六寸六分，寬四寸四分，厚五分許。宋澄泥製。如蕉葉仰展，面凹聚墨，柄下稍出。四周邊棱卷處微刻葉紋。環鐫御題詩一首，楷書，鈐寶一：曰比德。背刻蕉葉。背面三層叠起，鈎勒古雅。通體斑駁，墨鏽濃厚，的是宋製佳品。匣蓋鐫御題詩與硯同，隸書，鈐寶二：曰幾暇怡情，曰得佳趣。

御製宋澄泥蕉葉硯

庫貯楙勤閲歲時，幾曾綈几一陳之。豈無遺者聊令檢，遂有賁如屢得奇。囊異李郎紫雲割，菴疑懷士緑天披。珊瑚筆架琉璃匣，彼所知哉斯豈知。

宋澄泥蟠螭硯説

硯高五寸三分，寬三寸四分，厚九分許。澄泥宋製。色正黄，質輕而極細緻，澄泥中最上品也。墨池中刻臥螭一。硯面深窪。覆手上深下淺。

題銘一首，楷書，鈐寶二：曰幾暇怡情，曰得佳趣。匣蓋並鐫是銘，隸書，鈐寶二：曰乾，隆。考宋高似孫《硯牋》稱，澄泥硯唐時以絳州爲最，宋時澤州呂老尤擅長，硯輒有一『呂』字，背面深透，磨之不去。是硯細膩滋潤，雖無『呂』字款識，或亦其所手製也。匣蓋鐫御題銘與硯同，隸書，鈐寶二：曰乾，隆。

御製宋澄泥直方硯銘

正紫色而堅凝，如端石出於舊阬。叩以鏗鏘，爲金玉聲。雖無『呂』字，可定其爲澤州呂老之所手成。邇日名硯乃接踵呈，爲君者其好不可不慎也。用爲銘以自懲。

御製題宋澄泥列錢硯

遍圍青緑貼三錢，在鑛近銅理或然。設使魯褒欲著論，可容斯也置身邊。

宋澄泥蟠夔石渠硯説

硯高五寸六分，寬四寸七分，厚一寸三分。宋澄泥製。色如紫玉而極細潤。受墨處微凹，周環以渠，深六分許。邊周刻蟠夔十三。側面環刻流雲及蟠夔十。覆手深五分許，三層遞束而下。中刻子母夔四。上鐫御題詩一首，楷書，鈐寶二：曰古香，曰太璞。匣蓋並鐫是詩，隸書，鈐寶二：曰乾，隆。四足各爲獸面，出硯三分許，離几亦三分許。是硯質古式雅，與内府舊藏石渠諸硯款式相同，其爲宋時汾州紫澄泥無疑也。

御製題宋澄泥蟠夔石渠硯

吕叟應曾煅製來，夔爲蟠以玉爲胎。石渠天禄人争羡，誰果不孤視草臺。

宋澄泥倣建安瓦鐘硯説

硯高四寸六分，上寬二寸八分，下寬三寸九分，厚一寸一分。宋澄泥製。仿漢瓦式，琢爲半鐘，鐘體平處受墨。上爲方池，深分許。上刻篆帶，篆間有乳八。欒間刻粟紋，綴以三花。上方爲鐘鈕，有臥蠶紋。覆手穹起，離几六分許。中鐫『建安』二字，陽文隸書。上鐫御題詩一首，楷書，鈐寶一：曰比德。匣蓋並鐫是詩，隸書，鈐寶二：曰比德，曰朗潤。

御製題宋澄泥海濤異獸硯

知雕不辨鑿痕施，獸若騰濤濤若披。疑供木家成賦後，掞天鎔出許多奇。

元赵孟頫澄泥斧硯說

硯高三寸五分，寬二寸三分，厚五分。澄泥爲之。質極細膩，古香可挹。硯體長方，受墨處連池刻爲斧形，旁刻兩螭首銜斧。面背四邊俱有剥落。左側鎸『三希堂御用』五字，隸書。右側鎸御題詩一首，楷書，鈐寶二：曰比德，曰朗潤。覆手鎸元趙孟頫銘十二字，草書，下署『子昂』二字款，行書。匣蓋鎸御題詩與硯同，行書，鈐寶二：曰幾暇怡情，曰得佳趣。匣底鎸寶一：曰乾隆御玩。

御製題元趙孟頫澄泥斧硯

王孫松雪齋頹久，遺跡空傳翰墨香。祗有淬妃猶好在，芸帷時晤十三行。

元趙孟頫銘：質而堅，静而玄。惟其然，故永年。

元虞集澄泉結翠硯說

硯高四寸一分，寬二寸七分，厚五分許。澄泥爲之。硯面正平，直下深削三分許爲墨池。邊周刻流雲紋。左側鎸『留三道人寫經研』七字，篆書。右側鎸『鷗波』二字，隸書。覆手左上方鎸御題詩一首，楷書，鈐寶二：曰古香，曰太璞。匣蓋並鎸是詩，鈐寶二：曰比德，曰朗潤。右鎸『澄泉結翠』四字，隸書，後有『虞集題』三字款，楷書，『伯生』『清玩』二字方印各一。右下方『子京』二字瓢印一。考鷗波亭在湖州府城内江子匯上，

匣底鐫唐子西硯銘：不能銳因以鈍爲體，不能動因以静爲用，惟其然所以能永年。

臣于敏中銘：古瓦渾然，質堅色粹。製爲陶友，靜用斯寄。未央非漢，銅雀殊魏。避贋存真，題示大意。

臣梁國治銘：潤發墨，石硯識。陶瓦良，具斯德。閱歲年，絶刻飾。天章賁，文房式。

臣王杰銘：殿瓦珍傳硯材中，濾泥仿古幾伯仲。置之文房陪雅供，帝鴻墨灑圖球重。

臣董誥詩：二百年可稽，五十字深鏤。文房荷天題，允矣靜者壽。埏埴溯有虞，潤澤匪承霤。

臣金士松詩：瓦硯尚存物質，硯瓦已落言詮。同是食封即墨，榮勳用佐文筵。

臣陳孝泳詩：不向鄴臺尋舊製，也殊呂老印泥文。伴將學究村居裏，何幸奎章爲榮勳。

舊澄泥方池硯説

硯高三寸九分，寬二寸六分許，厚五分許。舊澄泥爲之。色紫而硯面微黄。墨池寬廣方直，頗便聚瀋。覆手鐫御題銘一首，楷書，鈐寶二：曰比德，曰朗潤。匣蓋並鐫是銘，隸書，鈐寶二：曰會心不遠，曰德充符。

御製舊澄泥方池硯銘

土可爲石，以陶甄也。上之化下，仲舒曾言也。慎是絲綸，無黨無偏也。念茲在茲，玩物非賢也。

舊澄泥卷荷硯説

硯爲卷荷式，舊澄泥製。高約四寸五分，中寬三寸許。上下斂三分之一。色黄而澤，墨鏽深厚。受墨處如荷之承露。左上方刻蟾蜍一，精巧生動。周爲卷邊荷葉文。硯背爲荷蒂，莖縷宛然，亦樸亦雅。環蒂周鐫御題詩一首，楷書，鈐寶一：曰古香。匣蓋内並鐫是詩，隸書，鈐寶二：曰會心不遠，

中鐫御題詩一首，楷書，鈐寶二：曰乾隆宸翰、曰惟精惟一。匣蓋並鐫是詩，隸書，鈐寶二：曰乾，隆。

御製題舊澄泥玉堂硯

陶自唐年抑宋年，玉堂舊式看依然。欲詢執筆其北者，上水船乎下水船。

舊澄泥藻文石渠硯説

硯高五寸五分，寬四寸八分，厚七分許。舊澄泥製。色黄如蒸栗，細膩潤澤。硯面寬平，周環以渠，墨鏞深厚。邊周刻水藻文，刀法渾古。硯背四周俱有剥蝕，下方刓缺。覆手鐫御題詩一首，楷書，鈐寶一：曰乾隆宸翰。匣蓋並鐫是詩，隸書，鈐寶二：曰幾暇怡情，曰得佳趣。

御題舊澄泥藻文石渠硯

錦衣尚絅闇爲章，玉質仍存栗子黄。以供石渠染翰侣，斐然文藻自殊常。

舊澄泥伏犀硯説

硯高七寸，寬四寸四分，厚一寸二分。澄泥爲之。色正黄，質細而潤。墨池深五分許。中刻伏犀一，昂首向硯作噴薄勢，極爲生動。覆手鐫御題銘一首，楷書，鈐寶二：曰幾暇怡情，曰得佳趣。匣蓋並鐫是銘，隸書，鈐寶同。

御製舊澄泥四直硯銘

席上珍，文房佐。言其質，泥以作。論其堅，石猶過。光内韞，德外播。墨池鏞，靈非涴。沃心田，資清課。宜讀易，著則那。坤六二，直方大。

御製題晉王廞壁水暖硯

瑯琊貽檏製，雍國勒鴻篇。承燧宜冬日，含華悦意田。文房欣璧合，内府舊藏晉研，亦有虞允文銘，曾題以詩。美質得天全。尤喜唐庚語，静爲用永年。

晉王廞銘：規厥形，肝則白。水環周，濯冰魄。承以燧，宜冬日。垂黄耳，保終吉。

虞允文銘：象圓若鏡，聲清若磬。有臺有翼，如釜如甑。自晉歷唐，傳及宋聖。常侍密勿，永作國鎮。

晉玉蘭堂硯説

硯高五寸五分，寬三寸五分，厚八分許。似端石而有芒，中多黄點如漱金。受墨處寬平微凹，斜通墨池，中矗石柱一而皴其首，當是先有水蛀痕，而脱落如管。上方左角刓剥。左側鐫『玉蘭堂』三字，僅存其半。右側鐫御題詩一首，楷書，鈐寶二：曰古香，曰太璞。硯背覆手鐫識語四十八字，署『紹興丙辰秋九月，益州虞允文份甫記』款十五字，俱隸書。考《宋史》，虞允文，字彬甫，隆州仁壽人。七歲能屬文，即以父任入官位。建炎元年丁未，即靖康二年，高宗以是年四月即位，建元建炎，八月勝捷軍校陳通作亂於杭州，執帥臣葉夢得，殺漕臣吴昉。《允文本傳》雖不載其時任何職，據硯銘云驅馳三十年，又云毁於陳通之亂，當是以父蔭爲漕屬也。五年辛亥改元紹興。銘云丙辰，則紹興六年也，距建炎元年丁未已十年，而云五年得於灰燼中，蓋爲紹興元年，而改製破硯時又踰五年也。玉蘭堂，無考。銘云此晉硯，當是晉時製硯者所署，故允文改作時愛而不忍去也。隆州熙寧初廢，至孝宗龍興五年復升爲州，屬成都路。允文銘硯時州尚未復，故止署益州也。『份』即古文『彬』字，從篆書也。是硯石質既古，雖重經改作，而彌覺渾璞，爲内府舊藏，向陳乾清宫東暖閣几上。匣蓋外鐫御題詩與硯同，鈐寶二：曰乾隆御賞，曰幾暇怡情。内鐫『晉硯』二字，楷書，鈐寶一：曰乾隆御玩。匣底鈐寶二：曰乾，隆。

許，兩耳綴處爲銅氣所暈，微帶青緑。硯首側鐫『唐硯』二字，硯背上方鐫『觀象』二字，俱隸書。中環鐫御題迴文銘一首，楷書，中心鈐寶一：曰乾隆御玩。右偏有古錢融暈痕，錢去而四周青緑尚存。考端溪龍巖石作硯，自唐人始見於李嶠及李長吉所詠，逮宋而取材益廣。是硯墨鏽古厚，體質比今端石較輕，的係入土年久，沙水氣盡而石理獨存，亦猶舊銅磁器，年久出土者，以體輕爲古也。匣蓋鐫御題銘與硯同，中鈐寶一：曰乾隆。内鐫『唐硯』二字，隸書。匣底内鐫『觀象』二字，隸書。鈐寶一：曰乾隆御玩。外鐫『甲』字，楷書。蓋標識以十干爲次，餘倣此。謹案：内府什襲古硯甚夥，乾隆十四年冬，皇上幾餘品藻，擇其材良製古者十硯，重加拂拭，肇錫嘉名，曰唐觀象硯，曰唐蔆鏡硯，曰唐石渠硯，曰宋垂乳硯，曰宋黝玉硯，曰宋紫雲硯，曰宋翠濤硯，曰宋暈月硯，曰宋方井硯，曰元凝松硯，各鐫御銘並爲之序，合弆乾清宮，匣底標識以十干爲次。千年舊物，聯璧翰筵。復吐虹光，以供文思。天子墨花噴薄，涵育萬有之用，遭逢榮幸，足爲硯林增價。十硯或陶或石，質體不同。臣等於每圖之目書貯乾清宮，而仍歸類編次，以從譜例，謹恭録御序於此硯御製銘之首，其餘九硯御題仍各繫本硯。謹識緣起於此。

御製古硯銘 有序

内府藏硯甚夥，向未經品題，今年冬幾餘偶暇，選其材良而製古者，得唐硯三、宋硯六、元硯一，皆真舊物也。遲任有言，人惟求舊，器非求舊，惟新。獨於硯不然。今端溪歙石非乏良材，而沐浴詩書，黝然光澤，則古硯實有足珍者，爰課實而錫以名，並各爲之銘刻之，乾隆己巳長至記。

美最中全，體大用堅。

唐蔆鏡硯説

硯八棱，棱徑六寸八分，厚六分。唐歙溪石，倣蔆鏡式。刻作蔆花再重爲受墨處，外環墨池。左上方粘五銖錢一枚。周結土鏽，丹黄斑駁。硯背仰承如盂。下抱三足，足高四分，微曲如璜。上方足外鐫『唐硯』二字，足内鐫『蔆鏡』二字，俱隸書。中鐫御題銘一首，楷書，鈐寶二：曰乾，隆。

御製題宋宣和梁苑雕龍硯

消閒藝圃遊墨林，懋勤舊物聊檢尋。宣和石出老坑深，漆匣久如斷紋琴。龍德膺符銘硯陰，曰梁苑義可酌斟。宋都汴梁河之潯，端王潛邸愛古愔。後升宮額龍德錽，彰符襲端如球琳。然吾疑焉義象箴，飛龍九五剛中欽。宜何如其惕君臨，寄情花鳥孌僉壬。既謀遼而更侮金，用招大禍民弗歆。徒精詩畫字何心，慨然詠古凜難諶。

臣于敏中、臣王際華識語：懋勤殿舊庋硯一，圭角半刓矣，古色黝然，銘小篆文，語甚大，陰有『龍德膺符』四字。匣漆作蛇腹斷，標名『梁苑雕龍研池』，不載何代物也。考《宋史》徽宗由端藩入纂，改懿親宅潛邸曰龍德宮，用唐興慶龍池故事。宋都汴京，梁苑在焉，其地兩合，蓋當時藩居故物，即位後鐫石以彰瑞應也。御定爲宣和研，且繫以詩，特命識於右。

臣于敏中詩：梁苑雕紋古，端藩殿額沉。銷磨一片石，揮灑萬年箴。因即羲文象，而爲雅頌音。鄙他空潑墨，花鳥繪春深。

臣王際華詩：宣和朱邸舊，瑞侈握符臨。畫諾求花石，揮毫創瘦金。匣紋蛇腹斷，歲篇麝煤沉。寓物抒堯戒，千秋鑑古心。

臣梁國治詩：一片宣和石可尋，披函吟對古香深。文鐫龍德垂金鑑，義正乾剛粹玉音。花鳥汴宮餘藻藝，圖書壁府寄銘箴。朝來雲起之而繞，五色光中仰日臨。

臣王杰詩：古色黝然歲月深，製從梁苑未銷沉。漆皴蛇腹紋迴面，池躍龍鱗字勒陰。艮嶽雲烟痕共蝕，乾爻朝夕義堪尋。幾餘藝圃邀宸賞，觸處如傳惕若心。

臣彭元瑞詩：介字鱗文古暈侵，秋風艮嶽尚難尋。躍龍朱邸空符應，下馬青城已陸沉。不識六爻乾在上，徒夸四字硯之陰。帝鴻墨海摛吟寓，評鑑同昭出治心。

臣董誥詩：七百年遺製，龍池字可尋。躍鱗形宛轉，積藩暈陰森。訂譜分書甲，夸符出孔壬。流傳邀鑒處，考古重垂箴。

臣曹文埴詩：歲月宣和舊，烟雲古汴沉。空遺龍有角，誰惜礪如金。片石文房在，仙毫法鑒深。勸懲偕玉帶，一正主臣心。

三字款，俱篆書。下方側面鐫御題詩一首，楷書，鈐寶二：曰比德，曰朗潤。匣蓋並鐫是詩，隸書，鈐寶二：曰乾，隆。是硯石質既舊而製作樸雅，其爲宋時物無疑。自爾，無考。

御製題宋宣和洗象硯

宣和博古通儒釋，選材製硯鑿端石。命工刻作洗象圖，不述聖經述聖跡。應知洗象萬色空，而何通金啓金隙。汴梁富麗一朝盡，可憐龍賓埋瓦礫。是誰得之誰用之，依舊無言演梵莢。

宋宣和風字煖硯説

硯高六寸，上寬四寸，下寬四寸七分，厚六分。宋老坑端石，琢爲風字式。硯面正平微凹，墨池刻魚龍騰躍，有雲垂海立之勢。邊周刻雙線，上方線内刻日月三辰。硯背中鐫『宣和御用』四字，隸書。左方鐫御題詩一首，楷書，鈐寶二：曰比德，曰朗潤。硯背較硯體縮一分有奇，入池深四分許。池以銅爲之，高寬尺寸並與硯同，厚一分許，深一寸三分許，中貯温水以煖硯。四側周刻海波，中涵海螺、應龍、大黿、龍馬各一，左右凸起獸面四，貫以銅環，取便捧持。下承四跗，離几不及寸。背鐫『宣和御用』四字，亦隸書。偏體青緑砂斑，穆然如古罍洗。是硯石質既舊，銅池彌復古秀，春生几席，銅井不冰，亦臨池一快事也。匣蓋鐫御題詩與硯同，隸書，鈐寶二：曰乾，隆。

御製題宋宣和風字煖硯

畫宗書陣兩超神，曾是宣和伴紫宸。却想淬妃應有恨，未能正務佐絲綸。

曰朗潤。右側鐫『宣和六年秋八月製』八字，行草書。硯背刻柱八，長短相間，鐫刻渾樸，確係宋製。匣蓋鐫御題銘及鈐寶，並與硯同。

御製宋宣和八柱硯銘

八柱承天，廣運肖乾。六書載道，因文以傳。石出老坑，宣和六年。非銅雀之瓦，異未央之甎。澤於古以餘潤，腴乎内以爲堅。其動也直，其静也專。顧將資乎綸几，渠寧斐乎翰筵。

宋端石睿思東閣硯説

硯高六寸七分，寬四寸四分，厚一寸九分。端溪水巖石也。面寬平直。下爲墨池，深八分，邊寬四分許。四角俱微有刓缺處。側面周刻通景山水，行筆簡古，境趣蕭踈。下署『馬遠』二字款，行書。硯背覆手深四分許。中鐫『睿思東閣』四字，行書。硯跗周鐫御題詩一首，隸書，鈐寶一：曰會心不遠。考元王士點《禁扁》引《汴京宫圖》載有睿思殿名，又元陶宗儀《書史會要》稱宋徽宗書筆勢勁逸，自號瘦金書。馬遠工山水人物，光、寧朝待詔畫院。是硯署『睿思東閣』，四字極瘦勁，其爲北宋製作、徽宗御書無疑。想流傳至南渡後，遠復補爲之圖耳。至其石肌細膩，墨鏽古厚，尤不易得。匣蓋鐫御題詩與硯同，隸書，鈐寶二：曰乾、隆。

御製題宋端石睿思東閣硯

當年東閣此臨池，背識瘦金今見之。既曰睿思思底事，足知《洪範》未曾思。

宋蘇軾識語：客將之端溪，請爲予購硯。軾曰：『余惟兩手，其一不能書，而有三硯，奚以多爲？』今又獲此龍尾小品，四美具矣，而慙前言于客。且江山風月之美，坌至我前，一手日不暇給，又慚于硯。其以貽後之君子，將橫四海兮焉窮，與日月兮齊光，庶不虛此玉德金聲也。

宋蘇軾東井硯説

硯高三寸五分，上斂下侈，上寬一寸四分，下寬二寸五分，厚一寸。宋坑水巖石。刻作鳳池式。受墨處凸起，斗入墨池。首鐫『東井』二字，楷書。旁拱星雲，周有駁蝕，古意穆然。硯背上方鐫『軾』字，行書。右方凸起活眼一，左方有『墨林生』三字方印一。下爲鳳足二，離几三分許。下方側面鐫御題銘一首，楷書，鈐寶二：曰太，璞。匣蓋並鐫是銘，隸書，鈐寶二：曰古香，曰太璞。考墨林生爲明項元汴號，是硯蓋曾供東坡染翰，後又入天籟閣中，故並有印記云。匣蓋鐫御題銘與硯同，隸書，鈐寶二：曰古香，曰太璞。

御製宋蘇軾東井硯銘

井者，清也，可用汲，慎王明也。井者，養也，老安少懷，聖言仰也。如子瞻者，雖不能行其志於時，東井銘硯足睪思也。吾恐明於古而昧於今，將爲人所嗤也。

宋蘇軾端石硯説

硯高五寸六分，寬三寸四分，厚二寸。宋水巖端石。面受墨處正平微凹，墨池深二分許。左側鐫御題詩一首，隸書，鈐寶二：曰乾，隆。硯背刻石柱十有七，有眼者大小十有三。上方鐫行書『坡翁』二字。左右足各眼一，左足斜帶翡翠痕。匣蓋鐫御題詩、鈐寶，並與硯同。

臣彭元瑞詩：鐘乳滴爲柱，浮漚帖作釘。梅花嶺外石，玉局觀中銘。閲歲宣和上，旋生甲子零。披文關睿賞，惟壓月從星。

臣董誥詩：粵嶠琳腴巧匠鐫，元豐元祐未知年。妙書每助三錢筆，豪思真宜萬斛泉。月湧猶疑池過雨，星環欲作柱承天。宸題藻翰輝珠斗，心鏡高深仰印川。

臣劉墉詩：軾銘留宋製，積潤想溪潛。燦若霄聯曜，炯如雲抱蟾。足徵群拱義，可應屢豐占。摛翰春生早，膏流品彙霑。

臣金士松詩：古硯星文煥，涵空月影高。池蒸雲起潤，匣貯翠流膏。貫石晴含鴿，承天柱刻鼇。詞源蘇海接，拂拭慶斯遭。

臣陳孝泳詩：鸜鵒眼凝水，羚羊峽破山。星光頒若晰，墨彩黝然斑。銘結軾詵友，珍羅顥楮間。惟宜天藻染，列宿筆端環。

宋蘇軾龍珠硯説

硯高四寸七分，上寬三寸五分，下寬三寸許，厚約一寸許。宋坑端石爲之。隨石質天然屈曲，琢爲驪龍抱珠形。龍首雙角矗起，左顧覆珠，珠上方稍窪。從左繞右爲墨池，下爲受墨處。龍右前爪抱珠，左後爪上屈。尾水倒卷如漩渦，鱗甲生動。龍頷側鐫御題詩一首，楷書，鈐寶二：曰太，璞。硯背爲龍腹，右前爪及左後爪皆上屈。上方鐫『軾』字款一，行書。左方鐫張照識語四十六字，末署『臣張照敬識』五字款，並楷書。下有『臣照』二字小方印各一。右方窪處有水泡一。下方刓缺。硯面龍尾及硯背龍右爪下刓處，有青緑砂斑。考宋硯初尚端溪，色若紫肝者後亦難得，乃尚歙溪龍尾，東坡嘗爲銘歎賞之。是硯雖非五代以前舊坑石，而細膩滋潤，絶勝宋元以後人儲藏佳硯，當係宋時下巖新石，且經東坡署名寶用，尤爲藝林增重，宜元吴鎮復以舊澄泥倣爲之也。今二硯並登天府，兩美必合，洵非偶然矣。匣蓋鐫御題詩與硯同，隸書，鈐寶一：曰幾暇怡情。

御製題宋蘇軾龍珠硯

曾記偃松玉局圖，侍臣題句亦吟吾。下巖重此龍珠詠，今昔憑參同與殊。

一時喜逢如故人。宗儀硯山空嶙峋，陶宗儀《輟耕録》載有《硯山圖》，諸峰嶙峋，極爲矜詡，而適用則不及此也。適用真過琅玕珣。緊予别有戒心存，賢材寧無似此云。

御製再題米芾遠岫奇峰硯

不惟弆米兼珍趙，背刻『寶晋齋』『米芾』，傍刻『子昂藏』字。自是宜詩更入圖。綈几似非存所樂，偷閑槃帖少工夫。

御製再題米芾遠岫奇峰硯

遠岫奇峰米老貽，秀王孫宅亦藏之。硯面下方之右鐫『子昂藏』三字。孟頫，秀王後也。宋元明即一瞬閲，紙墨筆斯四友宜。竪寓静而横寓動，此硯竪視之儼然畫幅而不可用，横置乃堪磨墨，故以此分動静也。詩爲詠更畫爲垂。既再爲題詠，鐫之硯，並用夾紙片圖其兩面形製，同貯匣中，以便觀覽。設如定武臨真本，此實崇山峻嶺披。

宋米芾蘭亭硯説

硯高八寸，寬五寸四分，厚三寸一分。宋老坑端石。墨池深九分，墨鏽深透。硯面四圍刻卧蠶文。左側連上方側面刻《蘭亭脩稧圖》。右側連下方側面通鐫米芾臨《蘭亭序》。引首有雙龍圖璽一，後有『宣和』二字長方璽一，『紹興』二字連方璽二，末有『米芾』二字長印一。硯背四圍俱有缺剥，覆手深一寸二分，上方亦有剥蝕痕。下方鐫御題詩一首，隸書，鈐寶二：曰比德，曰朗潤。是硯石質既美，周刻布景，行筆俱極古穆，所鐫縮本《稧序》亦圓勁有骨，疑即芾所自製，且經宣和、紹興兩朝鑒賞，真文房瑰寶也。本朝聖祖仁皇帝時，硯貯熱河避暑山莊，幾暇

上方有活眼二，葉下隱螽斯一，躍躍生動。左上方葉間稍平處鐫御題詩一首，楷書，鈐寶一：曰太璞。硯背綴瓜，大小凡三，瓜及旁大小眼凡四。葉下方平坦處亦可受墨。左方大瓜上鐫『寶晋齋珍玩』五字，隸書。是硯製作精巧，曾經宋賢染翰，洵足珍賞。匣蓋鐫御題詩與硯同，隸書，鈐寶二：曰幾暇怡情，曰得佳趣。

御製題宋米芾螽斯瓜瓞硯

質貞潤復製精奇，兩面胥堪受墨宜。既盛既緜珍寶晋，周南大雅意兼斯。

宋中岳外史端石硯說

硯高四寸五分，寬二寸七分，厚一寸六分。宋坑上巖石。褐色間以黄斑，如雀腦，古質斑駁。上方側鐫御題詩一首，隸書，鈐寶一：曰會心不遠。匣蓋並鐫是詩，俱隸書，鈐寶二：曰幾暇怡情，曰得佳趣。左跗刓缺，覆手刻三柱，無眼。中鐫『中岳外史』四字，行書。考宋史，米芾嘗知雍邱縣。雍邱，今杞縣。内府所藏《三希堂法帖》中載有《芾拜中岳命作詩帖》，明王肯堂所刻《鬱岡齋法帖》載芾《天馬賦》，末署款曰『中岳外史米元章致爽軒書』，蓋芾自號也。匣蓋鐫御題詩與硯同，亦楷書，鈐寶二：曰幾暇怡情，曰得佳趣。

御製題宋中岳外史端石硯

拜命曾吟中岳詩，或因外史自稱之。臨池欲試還應恧，那似顛翁用筆奇。

宋薛紹彭蘭亭硯說

硯高八寸九分，寬六寸三分，厚二寸七分，橢圓式。端溪緑石爲之。通體周刻蘭亭稧飲景。硯面左上方爲亭翼然，飛檐重閣。下臨池硐爲墨池，

宋陸游素心硯説

硯高七寸六分，寬五寸，厚二分，長方式。石質堅緻，宋坑紫端石也。受墨處正平，有碧暈大小三。墨池深五分，闊三分。左側鐫隸書銘五十一字，款署『老學菴主人』。右側鐫御題詩一首，隸書，鈐寶二：曰會心不遠，曰德充符。匣蓋並鐫是詩，亦隸書，鈐寶二：曰乾，隆。硯側上方鐫寶一：曰乾隆御玩。硯背左傍中缺寸許，大小長短凡八柱，各有碧暈隱現。考宋陸游著有《老學菴筆記》，主人蓋其自號云。

御製題宋陸游素心硯説

猶是端溪出老坑，素心恒泐舊交誠。李仙杜聖詩津逮，張草顔行書體明。染翰抽思同彼伴，桑田海水獨斯更。七言吟罷還成笑，何異放翁當日情。

宋陸游銘：端溪之穴，毓此美質。既堅而貞，亦潤而澤。澀不拒筆，滑不留墨。希世之珍那可得，故人贈我情何極。素心交，視此石，子孫保之永無失。

宋吴儆井田硯説

硯高五寸九分，寬三寸八分，厚七分。宋端溪石也。受墨處寬平，斜連墨池，四角縱横，畫成井字，墨池刻卧牛一。左側鐫宋吴儆銘十六字，下署『益恭』二字款，俱行書。右側鐫『天籟閣秘玩』五字，篆書。覆手鐫御題銘一首，隸書，鈐寶二：曰幾暇怡情，曰得佳趣。匣蓋並鐫是銘，亦隸書，鈐寶同。考《四朝詩・姓名爵里考》稱，宋吴儆，字益恭，登紹興二十七年進士第，歷官朝散郎、知泰州，卒謚文肅，著有《竹洲集》。是硯所署『益恭』當即其人，而流傳入明項子京天籟閣中者。

御製宋文天祥玉帶生硯銘

激切盡節易，從容盡節難。窮北再經，寒暑卓乎。匪石之志見於正氣之篇，日月争光，泥而弗滓，玉帶長生，履善不死。

予《樂善堂集》有《玉帶生歌》，不過書窗日課，想象爲之耳。兹檢閲懋勤舊物，則玉帶生宛在，因泐舊歌於硯並爲之銘。鐫硯匣側。

御題識語：玉帶生硯既以人重，而所貯漆匣亦樸素渾堅。即非信國時護函，當亦是元明賞鑒家所製。向以久弆塵損，一經拂拭，光采如新，可見正氣常存，即一器之微，亦不朽矣。鐫硯匣底。

宋文天祥銘：紫之衣兮綿綿，玉之帶兮鱗鱗。中之藏兮淵淵，外之澤兮日宣。嗚呼！磨爾心之堅兮，壽吾文之傳兮。

宋鄭思肖端石硯説

硯高四寸五分，寬二寸七分，厚一寸二分。宋老坑端石也。硯面平直，墨池作一字式，墨光可鑑。上方微泐，通體俱有剥落痕。左側鐫『所南文房』四字，隸書。下有『鄭思肖印』四字方印一。右跗天然微側，左跗亦有刓缺。覆手内鐫御題詩一首，楷書，鈐寶二：曰會心不遠，曰德充符。考趙昱《南宋雜事詩》引《遺民録》稱，宋鄭思肖，號所南，福州人，爲太學上舍，應宏詞科。元兵南下，扣閽上疏，辭切直忤當路，不報。宋亡後，坐卧不北。向精墨蘭，自更祚，爲蘭不著土。是硯當是其所嘗用也。匣蓋鐫御題詩與硯同，隸書，鈐寶二亦同。

御製題宋鄭思肖端石硯

坐惟向南此龍賓，介石千秋尚有神。博學宏詞世恒有，睪然叩闕上書人。

書，鈐寶一：曰研露。右側鐫『垂乳』二字，隸書。硯背三十二柱，柱各有鸜鴿眼一，高下參差，懸如鍾乳。雖款識弗彰，而膚理油然，古香可挹，元明以來無此佳製也。匣蓋鐫御題銘與硯同，行書，鈐寶二：曰乾，隆。匣底内鐫『垂乳』二字，隸書，鈐寶一：曰乾隆御玩。外鐫標識曰『丁』，楷書。

御製宋垂乳硯銘

硯者，研也。漱六藝之芳，潤沃朕心田也。

宋黝玉硯説

硯高五寸八分，寬三寸五分，厚一寸九分。宋老坑端石。石色静穆，製作純素，受墨深透，數百年前物也。通體俱略有皴剥。受墨處微凹，墨池深二分。上方側鐫『宋研』二字，隸書。左側鐫御題銘一首，楷書，鈐寶二：曰乾，隆。右側鐫『黝玉』二字，隸書。趺著几處缺二分許，若經磨礪者。硯背覆手亦略有剥蝕，而古香瑩澤，比德温粹，誠無溢詞。匣蓋鐫御題銘與硯同，楷書，鈐寶二：曰幾暇怡情，曰乾隆宸翰。匣底内鐫『黝玉』二字，隸書。鈐寶一：曰乾隆御玩。外鐫標識曰『戊』，楷書。

御製宋黝玉硯銘

體具剛柔，用合動静。日萬幾，欽屢省，福天下兮綿世永。

宋端石海天硯説

硯高一尺，寬七寸，厚二寸，橢圓式。石理純紫細潤，係宋時老坑所産。面鐫仙山樓閣，環以大瀛海，異獸跋浪中，矗立三峰，中峰鐫『天臺』二字，左峰鐫『朱明曜真』四字，右峰鐫『醴泉華池』四字，閣楣鐫『蓬萊道山』四字，俱楷書。閣下爲硯池，池下受墨處正方三寸餘。下右旁有眼一。硯首左右各鸜鵒眼一，黄碧圓暈，如日月懸曜，羅刻列宿形。硯背平窪，深一寸二分，鐫『海涌珍寶』。上方正中活眼一，刻作寶珠光焰。正中刻作碑形，負以贔屓。碑首鐫隸書『東坡硯銘』四字。碑鐫古篆硯銘『與墨爲入，玉靈之食。與水爲出，陰鑑之液。懿矣茲石，君子之側。匪以玩物，維以觀德』三十二字。外跗亦週刻海濤異獸。内跗週鐫御題詩一首，隸書，鈐寶一：曰朗潤。是硯體質瑰博，製作精工。蘇軾銘詞雖係後人所鐫，自是南宋高手。硯匣蓋鐫御題詩與硯同，隸書，鈐寶二：曰幾暇怡情，曰得佳趣。

御製海天硯歌

湯湯瀛海洪波翻，峩峩涌出蓬萊山。三島峙立噴華泉，樓閣縹緲不可攀。天吴罔象出没淵，下臨無地上有天。左日右月浴其間，硯四周爲波濤，異獸面於海上，湧出蓬萊三山，樓閣聳峙，額爲三辰以象天，因兩活眼爲日月。是誰創製未記年。東坡卅二字勒篇，硯背篆鐫蘇軾『與墨爲入』云云硯銘。疑南宋時坑出端。細繹其義具靜詮，黄庭尺宅方寸田。中爲硯，寬方二寸餘，上有池。靈池有液旱弗乾，以沃道種滋腴妍。凡手未可子墨研，宜贈右軍資腕懸，俾書内外景以全。

宋合璧端硯説

硯高五寸一分許，下寬五寸五分，上斂四之一，厚一寸一分。宋坑端石。色黝黑而潤，因其自然，略加琢治爲風字形。兩面剥落處亦隨其凹凸，

宋端石黻文硯説

硯高八寸，寬五寸四分，厚一寸一分。宋老坑端石。墨池深六分。四周刻帶文，曲折隆起。硯側下方鐫御題銘一首，隸書，鈐寶二：曰古香，曰太璞。匣蓋並鐫是銘，鈐寶二：曰幾暇怡情，曰得佳趣。硯背刻黻文。是硯石質既佳，而閱歲又久，斑駁古雅，墨鏽深厚，尤不易得，信宋製也。

御製宋端石黻文硯銘

黼黻文章，所戒虛車。黼黻昇平，持盈凜予。出自舊阬，古色穆如。舍黼而黻，崇文寓諸。兩已相背，黑而青於。彰色辨等，緬彼有虞。用慎絲綸，匪玩瓊琚。

宋端石登瀛硯説

硯高七寸五分，寬五寸，厚一寸七分，長方式。四周刻流雲縈繞。墨池深八分，硯側環刻《十八學士登瀛洲圖》。硯背上方鐫御題詩一首，隸書，鈐寶二：曰古香，曰太璞。匣蓋並鐫是詩，鈐寶二：曰乾，隆。正中鐫王寵行書王羲之《蘭亭敘》，款署『嘉靖丁酉年春正月，王寵書』十一字。下有『雅宜』二字印一。考明王寵，號雅宜山人，書效鍾、王體。或寵得是硯時，愛其舊坑堅潤，覆手寬平，倣《玉枕蘭亭》意書全文勒之，似非誤認圖意也。茲復邀宸藻親題，以永和、貞觀屬對千秋勝事，兩美並傳，更足增藝林佳話。匣蓋鐫御題詩與硯同，隸書，鈐寶二：曰乾，隆。

御製題宋端石登瀛硯

永和既倣右軍帖，貞觀還摹學士圖。豈不託懷千載壽，雅宜今日亦知乎。

受墨處微凹，池中墨鏽瑩透。週有剥蝕處。覆手中鐫『枕石齋』三字，篆書，無考。而篆法古雅，刀痕精勁，定出名手。下方側鐫御題銘一首，楷書，鈐寶二：曰乾，隆。匣蓋並鐫是銘，隸書，鈐寶二：曰會心不遠，曰德充符。

御製宋端石貨布硯銘

置於几曩弗知也，揭匣覿覺其奇也。與衆商如一辭也，果舊端宋之治也。貨布形高眼池也，銘而譜胥曰宜也。賢久隱是可思也，棄以富復足嗤也，疏矣哉吾之爲也。

宋端石七星硯説

硯高三寸，寬一寸八分，厚一寸，長方式。石理堅潤發墨。墨池深三分，池中柱二，各有鸜鵒眼。左側鐫行書銘十六字，署款曰『隆池珍賞』。下有『隆池』長方印一。右側鐫篆書識語十六字，署款曰『三橋』。下有『文彭』二字連印。硯首側鐫御題詩一首，楷書，鈐寶一：曰古香。匣蓋並鐫是詩，隸書，鈐寶二：曰比德，曰朗潤。硯背柱五，有鸜鵒眼者三。按：三橋，明文彭號。隆池，明彭年號。是硯確係宋坑舊石，復經文、彭輩珍賞，洵爲文房佳品。匣蓋鐫御題詩與硯同，隸書。

御製題宋端石七星硯

隆池銘語三橋識，一樂百枚興湧泉。設以爲文方北斗，昌黎境詣豈輕肩。

彭年銘：我硯有百，惟此最堅。方寸墨池，磨如湧泉。

象焉在周易。損上益下其名益，覆手列柱數百一。各具眼寓四門闢，休璉作詩懷周客。我曾效彼體吟什，難中惟是人情惕。即今綈几居其北，松烟染翰批簡尺，百恐一失凜君德。

宋端石天然子石硯説

硯係端溪天然子石。約圍一尺許，圓而微橢，徑三寸許，厚寸許。四周皴皺，上方有水蛀，因爲墨池，面平爲受墨處，徑二寸餘，皆不加礱治，自然古樸。周裹墨鏽，尤極深厚。背鐫御題銘一首，楷書，鈐寶二：曰太，璞。匣蓋並鐫是銘，隸書，鈐寶二：曰比德，曰朗潤。

御製宋端溪天然子石硯銘

水阬石子，不須磨治。以霤蛀處，遂爲墨池。閲幾滄桑，穆穆怡怡。天與之然，何慮何思。予獨恧夫，吮毫搆韻，未能若斯。

宋端溪子石蟠桃核硯説

硯約高六寸，寬五寸，厚一寸五分許。宋端溪子石。橢圓而長，通體水蛀皺透，因其天然，琢爲蟠桃核形。硯面礱治稍平，爲受墨處。左方略窪爲墨池。右上方鐫『玄極』二字，行書。左邊鐫『西王母賜漢武桃』七字，稍下有『宣和殿』三字，俱篆書。右邊鐫『庚子年甲申月丁酉日記』十字，隸書。右側上方稍平處鐫『願得常如此，吾當效米顛』十字，下署『辛丑七月七日，竹梧居士珍藏』十二字，俱楷書。下有『惟極』二字方印一。硯背左方鐫『皇祐四年』四字，飛白書。下有『蔡襄』二字方印一。左方鐫『乙丑年』三字，楷書。下有『清秘閣藏』四字方印一。下方鐫『丹屆』二字，篆書。中鐫御題詩一首，楷書，鈐寶二：曰比德，曰朗潤。匣蓋並鐫是詩，隸書，鈐寶二：曰乾，隆。考《古玉圖譜》載有蟠桃核杯，與硯式正合，左右邊所鐫篆、隸書亦同。按：皇祐爲宋仁宗紀年。蔡襄字君謨，爲慶曆四諫官之一。宋自真宗託爲天書符瑞，羽流術

御製題宋端石聚奎硯

燦然五柱五星懸，昭象文明乾德年。濂洛關閩傳道統，是真儒也豈詞妍。

宋端石洛書硯説

硯高六寸，寬三寸八分，厚一寸五分許。宋坑端石，色紫而潤。墨池刻洛龜負書，波濤涌起，龜首左顧吐慶雲，高出硯首。墨鏽融結，四邊俱有駁落。覆手深五分許。製作古樸，中微損蝕。上方側面鐫御題詩一首，楷書，鈐寶二：曰比德，曰朗潤。匣蓋並鐫是詩，鈐寶二：曰乾，隆。

御製題宋端石洛書硯

質紫而潤穆以愔，閲世七百餘年深。墨鏽如漢玉土侵，古香古友過球琳。刻作靈龜洛書任，斂時敷錫吾惟欽。

蓋並鐫是銘，隸書，鈐寶二：曰幾暇怡情，曰得佳趣。

御製宋端石印川硯銘

月印千川，率稱禪理。一以貫之，豈殊斯旨。活眼對照，非彼非此。徒以品佳，置於綈几。臨池則恧，形似而已。

宋端石三虎硯說

硯體正圓，徑四寸五分，厚八分。舊坑端石爲之。受墨處微凹，墨池作偃月形。右上方有刓缺。側面周刻雲螭。近跗處刻三虎頭抱跗，出硯體二分許。覆手圓而窪，內鐫御題銘一首，楷書，鈐寶一：曰幾暇怡情。周邊鐫銘二十一字，署『宋致穉佳氏製』六字款，俱篆書。考宋致，本朝吏部尚書宋犖之子，仕至布政使。是硯刻鏤工雅，石質亦古。確係舊製，而爲宋致收藏題款。匣蓋鐫御題銘與硯同，隸書，鈐寶一：曰乾隆宸翰。

御製宋端石三虎硯銘

質堅而潤，製雅以古。代半千年，名存三虎。賈乎陸乎，伊誰與侶。

宋致銘：離位居三虎文炳，化成天下誰司命，日月光華此其境。

宋端石洛書硯說

硯高八寸許，寬八寸二分，厚一寸一分。端溪老坑石也。體圓面平，邊四周微有剝蝕處。墨池刻作波瀾層涌、洛龜負書形。右上方有活眼一，四邊周刻流霞，如慶雲之拱日。覆手内刻東坡《後赤壁賦》景。左方上有小眼一，山高月小，水落石出，景色宛合，極爲工巧。雖與硯面義不相謀，

御題製宋端石鳳池硯

鳳池硯合玉堂用，草制誰能公且平。蘇軾寧非正人者，鄙他劊子自稱名。

宋端石重卦硯説

硯高六寸八分，寬四寸三分許，厚二寸二分許。宋端溪梅花坑石。質純色淡，通體青花隱隱，中間以翠點。覆手刻六十四柱，長短不一，柱各有眼，恰合八卦重列之數。上方側面鐫御題詩一首，楷書，鈐寶二：曰比德，曰朗潤。匣蓋並鐫是詩，隸書，鈐寶一：曰幾暇怡情。是硯眼雖繁，而匾略遜水坑，然體博製古，要非近時有也。

御製題宋端石重卦硯

奇偶八含八復重，卦成六十四爲宗。由來天地自然數，豈是羲文創作蹤。刻柱令人明著眼，不言惟硯密藏胸。玩辭則置斯觀象，用者宜誰宜邵雍。

宋端石紫袍金帶硯

硯高七寸，寬四寸八分，厚一寸一分。宋老坑端石，色類紫金，琢爲硯瓦式。受墨處橢圓如瓜，上爲墨池，墨鏽深厚。硯背下方插手處稍穹起，兩跗離几僅分許。中鐫御題詩一首，楷書，鈐寶二：曰幾暇怡情，曰得佳趣。匣蓋並鐫是詩，隸書，鈐寶二：曰乾，隆。是硯側面周圍金線文一道，明潤匀整，與文天祥玉帶生硯相似，而彼係白脈，此則黄文，取象稍别。宋時坑石每有此種，然流傳絶少，洵奇品也。

便作擘窠大書。宋蔡襄帖云『大硯盈尺，風韻可掬者』，此其近之矣。匣蓋鐫御題銘與硯同，隸書，鈐寶二：曰乾，隆。

御製宋端石列宿硯銘

阮石樸完，誰則理之。刻以列宿，誰則使之。墨鏽氤氳，誰則以之。辭彼稡茲，誰則徙之。求全有毀，誰則止之。

覆手亦有駁落，兩跗離几一寸三分許。中鐫御題銘一首，楷書，鈐寶二：曰會心不遠，曰德充符。匣蓋並鐫是銘，隸書，鈐寶一：曰幾暇怡情。

御製宋紫端涵星硯銘

石割雲，研之成也；池涵星，研之形也。雲浄星現，以彰文明也。用之絲綸，慎乎拱北之情也。

宋紫端石渠硯説

硯正方，縱横一寸三分許，厚七分。宋老坑端石。色紫而有雀腦斑。中爲受墨處，外環以渠池。上方稍廣而深，如凹字形，墨鏽濃厚。覆手右跗微有缺蝕。中鐫御題詩一首，楷書，鈐寶一：曰幾暇怡情。匣蓋並鐫是詩，隸書，鈐寶二：曰會心不遠，曰德充符。

御製題宋紫端石渠硯

舊硯多看製石渠，想因漢閣取名與。不知其北肆心者，可與劉歆手答書。

宋紫端雲腴硯説

硯高五寸九分，寬三寸五分，厚一寸四分。宋老坑端石。色如豬肝，質亦極細，琢爲玉堂式。受墨處上有石脈二點，左大右小，白如凝脂，彌覺腴潤可愛。通體微有剥蝕。覆手自上削下，兩跗離几七分許。上方側鐫御題銘一首，楷書，鈐寶二：曰比德，曰朗潤。匣蓋並鐫是銘，隸書，鈐寶二：曰幾暇怡情，曰得佳趣。

御製題宋蕉白太素硯

磨礲圭角已全無，太素循名若是乎。漢晋碑文書未得，合書二典緬唐虞。

宋蕉白文瀾硯説

硯高七寸，寬四寸四分，厚二寸。宋端溪蕉葉白，側理爲之，質極細潤，墨鏽光瑩。邊周刻波紋隱起，刀法圓活，微有剥落。覆手從上削下，兩跗離几一寸五分許。上方側面鐫御題銘一首，楷書，鈐寶二：曰幾暇怡情，曰得佳趣。匣蓋並鐫是銘，隸書，鈐寶二：曰乾，隆。

御製宋蕉白文瀾硯銘

硯者研，理存焉。質蕉白，號文瀾。波不因風，石也爲紈。雖觀水之有術，要溯流而窮源。願含英咀華者，毋徒侈爲風雲月露之篇。

宋緑端蘭亭硯説

硯橢圓式，高七寸五分，寬五寸五分，厚二寸五分。緑端，宋製。硯面及側面周刻蘭亭禊飲圖景。硯面上方爲亭翼然，旁綴雲樹。下有曲澗爲墨池，循池而右爲樓閣院落一，澗左右爲橋二跨，墨池中平坦處可受墨。下散列屋宇籬落，間植垂柳甘蕉。側面通刻蘭亭全景，橋亭樹石，佈置絶有章法。人物行住坐臥，精神意態，種種生動，恰合四十二賢之數，而携琴、捧硯、司尊童子，不與此數焉。覆手自上微削下，深一寸五分，刻高柳梢雲，青蒲蔭渚，鱗紋隱起，浴鵝翔集。通體刀法圓勁，精細如髮，不減龍眠白描之筆。趺周鐫御題詩一首，楷書，鈐寶一：曰會心不遠。匣蓋並鐫是詩，隸書，鈐寶二：曰幾暇怡情，曰得佳趣。謹案：内府藏蘭亭景硯佳者不乏，皆略寫大意，惟此及景定款所刻爲工，而四十二賢俱入圖中，此尤毫

御製題宋𧂐村石聽雨硯

猶是宋坑石，千年古色含。撫看聽雨篆，想共老禪參。憶昔寒山畔，每因遺跡探。臨池偶一試，飛興到江南。

宋𧂐村石鳳池硯説

硯高六寸，上寬三寸三分，下寬四寸五分，中微束，厚八分許。宋𧂐村石也。色黄而潤，琢爲鳳字形。受墨處微窪，斜入墨池爲鳳池。墨鏽深厚，週有剥蝕，古意穆然。覆手穹起，下爲鳳足二，離几約三分許。中鐫御題詩一首，楷書，鈐寶二：曰會心不遠，曰德充符。匣蓋並鐫是詩，隸書，鈐寶二：曰比德，曰朗潤。

御製題宋𧂐村石鳳池硯

龍賓休説𧂐村無，猶此晨星一二俱。謾詡外廷希見也，豈知内庫久藏乎。沉倫佳士如方彼，剪拂良材祗愧吾。製作鳳池拱染翰，不宜章蔡合歐蘇。

元趙孟頫松化石硯説

硯高約五寸，寬三寸五分許，厚一寸五分。松化石爲之，木理猶存，黄黑相間。面正平可以受墨。背及四周皆天然不加礱琢，凝膩如松脂。背鐫御題銘一首，楷書，鈐寶二：曰比德，曰朗潤。匣蓋内並鐫是銘，隸書，鈐寶二：曰會心不遠，曰德充符。外鐫元趙孟頫識語及銘八十三字，後有『子昂』二字款，俱行書。下有『松雪』二字橢圓印一。考松化石，《唐六帖》載：回紇有康干河，斷松投之，三年化爲石，色黄節理猶在。

面鐫銘『于以用之，邦家之光』八字，左側鐫『海雲』二字款，俱行草書。上方側鐫御題詩一首，楷書，鈐寶二：曰比德，曰朗潤。匣蓋並鐫是詩，隸書，鈐寶二：曰會心不遠，曰德充符。考《書畫譜》，稱元僧海雲，工畫，是硯或即其所經用也。

御製題元釋海雲端石硯

海雲自是釋家人，銘語八言似不倫。或者退之文熟讀，反其師道步儒塵。

元凝松硯說

硯高三寸五分，寬二寸四分，厚七分。老坑端石也。硯面斑駁，下方左角刓缺。受墨處斜通墨池。左側鐫『至正二年四月春製』八字，行書。右側鐫『凝松』二字，上方側鐫『元研』二字，俱隸書。硯背覆手處鐫御題銘一首，楷書，鈐寶一：曰幾暇怡情。上左右俱刓缺。是硯石色黃紫相間，如老松之鱗，墨鏽凝裹，彌復古穆，似宋石而元製者。款署曰『春』，當是人名，以不著姓，無可考。匣蓋外鐫御題銘，楷書，鈐寶並與硯同。內鐫『元硯』二字，隸書。匣底內鐫『凝松』二字，隸書，鈐寶一：曰乾隆御玩。外鐫標識曰『癸』，楷書。

御製元凝松硯銘

有暈其黃，載守其黑，是爲支離之珀。

明楊士奇舊端子石硯說

硯高五寸，寬三寸三分許，厚一寸三分許。舊端溪水巖子石也。天然皴皺，略加礱治，特多古意，色黝紫，細膩潤澤。硯面正平，上即水蛀

唐寅銘：古瓦尚留炎漢製，墨光能射斗牛寒。

董其昌銘：博以方，温而栗。潤鴻藻，翼經術。

明李夢陽端石圭硯説

硯高八寸三分，寬五寸八分，厚一寸三分。舊端石，色紫而潤，琢爲圭式。墨池左右較硯面各狹三分許。池首鸜鵒活眼一，正中而高。下方側面鐫御題詩一首，楷書，鈐寶一：曰幾暇怡情。硯背鐫明李夢陽銘二首，四十三字，末行石泐處缺一『兹』字。首有『端溪硯銘』四字，末署『空同』二字款，俱楷書。下有『李夢陽印』四字方印一。考明李夢陽，字獻吉，號空同山人，著有《空同集》。獻吉文宗法秦漢，頗好以佶屈爲工。是硯二銘俱見集中，文法似仿汲冢書，字畫結體亦有虞永興筆意。匣蓋鐫御題詩與硯同，隸書，鈐寶一：曰用筆在心。

御製題明李夢陽端石圭硯

二銘獻吉語鐫奇，有眼緣何無眼之。跅弛既稱能負氣，對山救我氣胡卑。

明李夢陽銘：世以眼貴而汝無，此人其瓦礫汝。

又：台端若方，汝式虛内，汝式越若鈍静亦乃式，乃磨不磷涅不淄。允缺，在兹相台。

鈐寶二：曰比德，曰朗潤。右側鐫『畫禪室』三字，篆書。硯背左上方半露，石質有鱔血斑。右及下方遍裹青緑，粘五銖錢共七枚，當是入土年久，融結而成者。考明董其昌嘗自署其齋曰『畫禪室』，著有《畫禪室隨筆》，是硯係當日臨池所用。匣蓋鐫御題詩與硯同，隸書，鈐寶二：曰會心不遠，曰德充符。匣底鐫寶一：曰乾隆御玩。

御製題明董其昌畫禪室端石硯

老坑石貼五銖錢，側畔分明泐畫禪。既曰香光契禪理，依然著象豈真詮。

明項元汴鉼硯説

硯高四寸，寬二寸四分，厚五分許。歙溪石爲之，潤如烏玉，光可以鑑。硯面琢爲瓶形，上斂下闊，製極樸雅。墨池深二分許。覆手上鐫『墨林珍寶』四字，隸書。下有『項氏家藏』方印一。旁及下方俱有石脈剥落處。匣蓋内鐫御題銘一首，行書，鈐寶二：曰幾暇怡情，曰得佳趣。

御製明項元汴瓶硯銘

樸而黝，唯所受。墨林之珍，光我文囿。

明項元汴東井硯説

硯高二寸九分，上斂下侈，中寬二寸，厚五分。端石細潤。墨池上方有活眼一如月，翼以慶雲。硯背上方正中鐫『東井』二字，隸書。左鐫『項墨林』三字，右鐫『天籟閣』三字，俱楷書。下爲鳳足二，離几二分許。中鐫御題詩一首，楷書，鈐寶一：曰太璞。匣蓋並鐫是詩，隸書，鈐寶二：

復古樸。考楊明時，字不棄，明神宗時人。明吴廷所刻《餘清齋法帖》載不棄跋語甚夥，銘爲其所作，當亦博雅好古之士。硯背『吉日庚午』四字，或借經語以識其得石之日耳。

御製題明楊明時子石科斗硯

不雕不琢適其初，天作研池科斗如。爲告拈毫習字者，須從此法悟權輿。

明楊明時銘：惟不棄父，得石于河。既堅而礪，胡彫而樸。乃作斯硯，名曰蝌斗。萬世吾儕，永寶不朽。

明蒼雪菴鳳池硯説

硯高四寸五分，上寬二寸五分，下寬三寸許，中微斂，爲鳳池式，厚八分，花斑瑪瑙石爲之。色黄緑相間，温潤如玉。硯面斜入墨池，池深五分許。左側鐫『蒼雪菴寶用』五字，篆書。右側鐫御題詩二首，楷書，鈐寶二：曰乾，隆。上方側鐫識語二十三字，末有『定菴誌，沈容篆』六字，俱篆書。硯背自上削下爲鳳足二，離几二分許。中鐫銘三十三字，隸書，後有『甲子春雲卿銘仲玉隸並刻』十一字行書。下有『真賞』二字長方印一。考明僧讀徹，字蒼雪，居蘇州楞伽中峰，是硯署『蒼雪菴』，或即此僧。鈕仲玉，字貞父，號五浮山人，吴江人。莫雲卿，初名是龍，後以字行。定菴、沈容俱無考。是硯當係雲卿諸人所製，而經蒼雪僧收藏者，石理瑰麗，製作工雅，當爲硯林奇品。匣蓋鐫御題詩與硯同，鈐寶二：曰古香，曰太璞。

御製題明蒼雪菴鳳池硯

非端弗玉玉其質，責實循名名則疑。既是中峰緇侶用，那更心繫鳳凰池。定名米老堪徵矣，被奪荀君乃悵然。蒼雪菴中粥飯罷，且供文字小乘禪。

御製舊端石雙龍硯銘

維龍之德，化不可爲。以彼涓勺，放乎天池。君子是儀，雲行雨施。

宋蘇軾硯銘：石出西山之西，北山之北。戎以發劍，子以試墨。劍止一夫敵，墨以爲萬世。則吾以是知天下之才，皆可以納諸聖賢之域。

舊端石飲鹿硯説

硯高八寸六分，寬五寸三分，厚一寸一分。老坑端石，色黝如龍尾。硯面上方刻陽文竹一叢，下爲坡陀，中涵一潭爲墨池。右旁刻作巖石上踞一鹿，作就池飲水狀，鹿身及左坡陀上帶有天然金丱三。下方偏左爲受墨處。硯背正平，不施刻琢。右側鐫『乾隆甲午余月考製』八字，篆書。硯面竹枝下平處鐫御題詩一首，楷書，鈐寶二：曰古香，曰太璞。匣蓋並鐫是詩，亦楷書，鈐寶一：曰乾隆宸翰。

御製題舊端石飲鹿硯

端溪巖石種，尚有礦金存。體具剛柔質，光涵雷電翻。神龍誰劃霧，玉兔昔朝元。琢作飲泉鹿，天池即此源。

有飛泉赴壑之勢。硯首左右有鸜鵒高眼各一。四側膚理庚庚，微有皴剥。左側鐫御題詩一首，隸書，鈐寶二：曰比德，曰朗潤。匣蓋並鐫是詩，鈐寶二：曰乾，隆。硯背上刻無極圖一，徑一寸八分。下刻太極圖一，徑四寸三分。雖無款識而形制渾璞，當爲數百年前物。

御製題舊端石太極硯

太極初無物，兩儀有是生。名詮著茂叔，妙義寓陶泓。高眼墨池表，方城石理庚。不愁真研壞，玉局語尤精。

舊端溪子石五明硯説

硯高二寸八分，下寬二寸，豐下鋭上，厚約一寸五分。端溪子石，側理爲之。中横界金線一道，精緻温潤，小品中之佳絶者也。墨池上有高眼一，旁刻龍鳳各一，軒翥翔舞。左右側上方及覆手三柱端共眼五，尤爲朗潤，五明之義，蓋取諸此。下方側面鐫御題銘一首，楷書，鈐寶一：曰太璞。匣蓋並鐫是銘，隸書，鈐寶一：曰比德。

御製舊端溪子石五明硯銘

子石天然，略加玉成。形橢而圓，體潤以貞。活眼凡五，因號五明。如舜之扇，寓意實精。匪箑之義，著文有評。

舊端石弦文硯説

硯高六寸八分，寬四寸一分，厚一寸三分。舊坑端石，質理細緻，製作亦舊。硯面周刻弦文凸起。受墨處以用久深窪。覆手穹如半筩，右趺雖刓缺，

曰朗潤。硯匣蓋並鐫是銘，亦隸書，鈐寶二：曰幾暇怡情，曰得佳趣。硯背九柱，高下森立，各有鸜鵒活眼一。下方刻壺盧形『子京』印一，當是明項元汴墨林收藏故物。

御製舊端石九子硯銘

端溪之淵腴剖紫兮，鴝眼斯活暈秋水兮，如承如垂森九子兮，溯原聚奎文明啓兮。

舊端石弁星硯說

硯高四寸五分，寬二寸四分，厚二寸。老坑端石，色淡而澤，側理爲之。墨池上正中活眼一，如弁之會星。左側面銘十三字，下有『伯起銘』三字款，俱篆書。覆手從上削下，兩跗離几一寸五分許。上方側面鐫御題銘一首，楷書，鈐寶一：曰比德。匣蓋並鐫是銘，隸書，鈐寶二：曰比德，曰朗潤。考《書畫譜》，明張鳳翼，字伯起，長洲人，善書有才名，是硯蓋其所藏。

御製舊端石弁星硯銘

活眼正中，如弁冕形。擬月則小，號之曰星。洪範九疇，八惟庶徵。休咎異若，省歲省成。象厥庶民，天聽自聽。

明張鳳翼銘：歲癸丑，端之麓，持此石歸愧孝肅。

舊端石荷葉硯說

硯圓而扁，高六寸二分，寬六寸六分，厚六分許。舊坑端石，色紫而黑，琢爲荷葉形，仰而邊捲中。受墨處微凸，周爲墨池。上方刻作蟹，葉邊半捲，

下方刻夔十。左上方有鸜鵒活眼一，微帶鱔血斑。覆手自上削下，兩跗内抱，離几六分許。側面火捺翡翠隱然可辨。上方側面鎸御題銘一首，楷書，鈐寶二：曰古香，曰太璞。匣蓋並鎸是銘，隸書，鈐寶二：曰乾，隆。

御製舊端石饕餮夔紋硯銘

鑄饕餮於罇罍，古之常也。戒飲食以貪餡，喻從方也。誰用之以刻硯，義可詳也。每竊人以炫己，文之殃也。茲蓋取以警茲，其味長也。讀昌黎之佳作，未可忘也。

余甸詩：剖來青紫玉如泥，幾度經營日馭西。一自神君拂袖去，至今魂夢遶端溪。

舊端石六龍硯說

硯高八寸五分，寬五寸六分，厚一寸五分，天然橢圓式。舊端溪蕉葉白也，質細而潤。右側微有火捺痕。硯面周刻六龍，雲氣昇降，盪潏生動。上方及右有鸜鵒活眼三，恰如龍之戲珠。中稍平，爲受墨處。上方雲龍之間稍窪，爲墨池。硯背有活眼五，流雲擁之，爲景星慶雲象。上方鐫銘『至治有象，景星慶雲。六龍御天，光被文明』十六字，篆書，無款。左方鐫御題銘一首，楷書，鈐寶二：曰古香，曰太璞。匣蓋並鐫是銘，隸書，鈐寶二：曰會心不遠，曰德充符。

御製舊端石六龍硯銘

墨磨硯硯則凹也，硯磨墨墨則消也。然而世未嘗缺硯與墨，則東坡之言其理昭也。鴝眼蕉白，鐫以六龍蟠雲霄也。我則懼爲時乘作覯之五，而願亹日乾夕惕之三爻也。

無名銘：至治有象，景星慶雲。六龍御天，光被文明。

舊端石蟠夔鐘硯說

硯高四寸五分，上寬二寸三分，下寬二寸八分，厚八分許。舊坑端石，琢爲半鐘式。硯面及墨池微窪，硯背圓，仰首刻蟲鈕，鐘體間刻蟠夔饕餮，皆密佈雷文作地。鐘半橫鐫銘二十八字，末有『學莊』二字款，俱篆書。學莊，未詳何人。鐘口刻水波文。下方側面鐫御題詩一首，楷書，鈐寶二：曰古香，曰太璞。匣蓋並鐫是詩，隸書，鈐寶二：曰乾，隆。

匣蓋鐫御題詩與硯同，隸書，鈐寶二：曰比德，曰朗潤。

御製題舊端石鵝硯

老阮子石誰磨礱，不辨製自南北宋。或是右軍撫玩罷，化作鵝鵝傲池鳳。其温如玉疑舜環，其潤如露餘堯甕。近雖外景寫《黄庭》，慮硯嗤哉屏弗用。

舊端石雲芝硯説

硯高四寸六分，上寬二寸七分，下寬五寸，厚五分許。舊端溪天然子石，石質紫而潤，通體刻作芝形。受墨處爲一大芝如盂，上方攢生八芝，莖旁微凹爲墨池。硯背芝蒂岐生四芝，輪囷渾古，真有瑞液潛蒸、紫雲層綴之象。背右下方稍平處鐫御題詩一首，楷書，鈐寶二：曰古香，曰太璞。匣蓋並鐫是詩，隸書，鈐寶二：曰會心不遠，曰德充符。

御製題舊端雲芝硯

質已珍龍尾，色猶葆馬肝。滃宜吐雲氣，静足助文瀾。恒此披三秀，堪因消四難。日新伴棐几，銘似讀《湯盤》。

舊端石松皮硯説

硯高五寸二分，寬三寸五分，厚七分許。舊水坑端石爲之，質理細潤，蕉白瑩潔，刻作松段。硯面右方就木節凹處爲墨池。背刻松皮，鱗紋隱起。上下側面俱有火捺，宛如木理截處，佳手所製也。背左方有銘六字，篆書。下有『黍谷』二字長方印一，不知何人。右方鐫御題銘一首，楷書，鈐寶二：

雙掌貼然，刻畫古雅。中鐫御題詩一首，楷書，鈐寶一：曰比德。匣蓋並鐫是詩，隸書，鈐寶二：曰幾暇怡情，曰得佳趣。

御製題舊端石浮鵝硯

愛之一筆更書之，化石依然守墨池。不負主人合如是，山陰道士未應知。

舊端石星羅硯説

硯高八寸六分，寬五寸五分，厚二寸七分。端溪上巖石爲之。周勒寬邊而缺其下如鉗。硯面大小眼十，刻爲柱，凸起者七，爲七星流雲繞之。左右側及跗大小眼共九。覆手眼十一，亦刻爲柱。是硯眼不圓而黯，雖非下巖鸜鵒，而寬平宜墨，當爲上巖佳品。上方側鐫御題詩一首，楷書，鈐寶二：曰幾暇怡情，曰得佳趣。匣蓋並鐫是詩，隸書，鈐寶二：曰乾，隆。

御製題舊端石星羅硯

雖非鸜鵒下巖珍，亦自上巖佳品真。月鏡設如懸朗鑑，星羅何礙衆多陳。

御製舊端石海日初升硯銘

海天初月，未央之甎。高濂硯譜，仿以向年。茲獲舊端，初日麗天。洪波騰躍，昭融朗懸。日升曰恒，合璧雙全。綈几研朱，綸綍是宣。惠我蒸民，如被黄棉。

舊端石多福硯説

硯高一尺一寸，寬七寸九分，厚一寸九分許。舊端溪老坑石也，紫色而潤。硯面寬平，墨池深廣。中刻孔雀一，翔舞雲際。邊周刻流雲蝙蝠二十七，上下向背，各極其態。覆手深二分。下方側面鐫御題銘一首，楷書，鈐寶二：曰幾暇怡情，曰得佳趣。匣蓋並鐫是銘，隸書，鈐寶二：曰乾隆。考端石採自石洞，捫壁鑿髓，故子石佳者易得，而大硯難精。是硯大逾盈尺，而細潤無瑕，取材既博，製作亦精，洵硯林中瓌瑋絶特之觀也。

御製舊端石多福硯銘

天然多福，久奔乾清。茲雖刻畫，頗類天成。色黝而澤，面寬且平。物必有偶，賚來作朋。斂時敷錫，萬國咸寧。

舊端石驪珠硯説

硯高七寸一分，中寬五寸二分，橢圓式，厚二寸。舊坑水巖石也。受墨處居右，下方刻海濤環之。上方及左二龍拏攫騰波上下。左上方活眼一，借作驪龍之珠。右方鯨魚激水，氣勢坌涌。側面亦環刻海水層疊，異獸出没。覆手深寸許，懸柱幾百柱，各有眼，繁如散星。右上方一眼獨巨若月，雲霞擁之，似取省月從星之義。附有刓剥。周鐫御題詩一首，楷書，鈐寶一：曰比德。匣蓋並鐫是詩，隸書，鈐寶二：曰比德，曰朗潤。

御製題舊端石天然六星硯

天然猶見舊坑青，鸜鵒高低現六星。元命苞如喻成就，斯文萬物解形形。

舊端石四螭硯説

硯高五寸，寬三寸九分許，厚七寸。舊坑端石，色紫而澤，琢爲橢圓式。墨池中刻子母蟠螭二，流雲擁繞。上方邊左右兩螭内抱，刻畫古雅，墨鏞深厚。覆手深一分許，邊有翡翠痕三點。中鐫御題銘一首，楷書，鈐寶二：曰會心不遠，曰德充符。匣蓋並鐫是銘，隸書，鈐寶同。

御製舊端石四螭硯銘

理細以潤，色黝而紫。棄置内庫，百餘年已。拂之拭之，用供綈几。如絲出綸，惟是慎止。繪句絺章，則其小矣。

舊端石雁柱硯説

硯高六寸六分，寬四寸二分，厚二寸五分。老坑端石爲之。質理微側，火捺紋黯然而澤，通體有棕眼紋。受墨處平直，邊微剥蝕。覆手刻柱二十有五，柱各有眼，參差行列，如瑟之有柱。側上方鐫御題詩一首，楷書，鈐寶二：曰會心不遠，曰德充符。匣蓋並鐫是詩，隸書，鈐寶二：曰乾，隆。

御製題舊端石雁柱硯

趙宋李唐難辨年，鴝睛廿五柱端鐫。義山几上若逢此，錦瑟那唫五十絃。

御製題舊端石蟠桃硯

水巖石子閱千秋，因其天然稍雕鎪。撫泯痕跡手不留，疑是王母漢宮遊。贈之其核化琳球，却笑方朔無能偷。

舊端石轆轤硯説

硯高三寸二分許，上寬一寸七分許，下寬一寸九分，厚三分許。水坑舊端，質嫩而澤。墨池與受墨處離而爲二。中爲樞紐形，如轆轤。池邊周刻臥蠶文。硯背額隆起，下爲二足，抱以獸面，俱離几約分許。中鐫御題詩一首，楷書，鈐寶二：曰比德，曰朗潤。匣蓋並鐫是詩，隸書，鈐寶同。考《古玉圖》載黄玉鹿盧環形，製與此相合。硯蓋仿爲之，而製作之工、墨鏽之厚，允爲小品最佳者。

御製題舊端石轆轤硯

轆轤紐界硯和池，意蓋心芽啓沃滋。設詠韓詩思汲古，得脩綆者又真誰。

舊端石雲雷編鐘硯説

硯爲編鐘式，高三寸八分，旋出三分許。銑寬二寸八分，舞寬二寸二分，厚五分。舊端溪蕉葉白也。邊刻流雲，硯背圓抱如半鐘。中刻雲雷紋。鼓間微空，欒間鐫御題詩一首，楷書，鈐寶二：曰古香，曰太璞。匣蓋並鐫是詩，隸書，鈐寶一：曰得佳趣。

御製題舊端石雲雷編鐘硯

編鐘摹漢抑摹周，隱現雷紋雲氣流。水部設如方待扣，金聲擲地亦相投。

足爲翰墨林中徵瑞應矣。匣蓋鐫御題詩與硯同，隸書，鈐寶二：曰乾，隆。御題詩一首，楷書，鈐寶一：曰德充符。覆手七柱，亦各有眼。《雲笈七籤》云『七光大明旋輪，九氣上應玉清』，是硯柱眼圓朗，文光上澈，

御製題舊端石七光硯

七柱分明朗七光，旋輪九氣玉清祥。設如《内景黄庭》注，宜贈山陰内史王。

舊端石飛黄硯説

硯高五寸五分，寬四寸，厚七分許。舊水巖端石爲之，橢圓式。受墨處正圓，上方墨池刻爲偃月形，深二分。外環以規，密釘如鼓腔，規上下刻四螭。硯背左右微削，覆手亦正圓，中刻飛黄一。下方側鐫御題銘一首，楷書，鈐寶二：曰古香，曰太璞。考《淮南子》云，黄帝時飛黄服皂，又《黄帝内傳》稱，帝製記里鼓車。是硯背刻飛黄而面爲鼓形，當取義於斯。匣蓋鐫御題銘與硯同，隸書，鈐寶二：曰會心不遠，曰德充符。

御製舊端石飛黄硯銘

質細如綿，水巖石子兮。面製鼓形，喻車記里兮。背刻飛黄，服周方軌兮。用佐同文，伊犁尺咫兮。

舊端石七星石渠硯説

硯高四寸四分，寬四寸，厚一寸七分。舊老坑端石。硯首石渠外微凸，上有活眼一，緊小而潤。側面下方鐫御題詩一首，楷書，鈐寶二：曰會心不遠，曰德充符。匣蓋並鐫是詩，隸書，鈐寶二：曰幾暇怡情，曰得佳趣。覆手深一寸，刻石柱七，柱各有眼，羅列如斗杓。是硯雖仿唐石渠式，

御製蕉葉白雙螭硯銘

臨池摛藻胥無進，硯如故也悳則信。

舊蕉白瓠葉硯説

硯高二寸八分，寬一寸八分許，而下微斂。舊端溪蕉葉白，琢爲瓠葉形。近蒂處爲墨池，四周葉邊内卷，以故硯體小而能聚墨不漏也。池左旁微刓。覆手刻爲葉背，小葉二歧出，莖蔓宛然。左方因石自然，略加磨治，彌見天趣。側面周鐫御題詩一首，楷書，鈐寶一：曰古香。匣蓋並鐫是詩，隸書，鈐寶二：曰乾，隆。

御製題舊蕉白瓠葉硯

蕉葉白爲瓠葉硯，孰賓孰主莫能分。笑他荷蕢果哉者，厲揭徒論深淺云。

舊蕉白雙螭瓦式硯説

硯高六寸，寬四寸，厚五分。水坑蕉白，質極細潤，仿瓦式爲之。面周刻雙螭，左右内向。受墨處橢圓，而刓其上。背如瓦筒穹起。兩跗離几三分許。上方有金線豎紋一道。中鐫題銘一首，楷書，鈐寶二：曰會心不遠，曰德充符。匣蓋並鐫是銘，隸書，鈐寶同。

御製舊蕉白瓜瓞硯銘

瓜綿瓞蔓以成也，性相近習遠情也。濡墨摛毫貴研精也，吾於瓜瓞之硯，不徒緬周雅詠民之初生也。

舊綠端浴鵝硯説

硯高六寸七分，寬四寸一分，厚二寸二分。舊坑綠端石，色質俱佳。硯面正平，墨池深廣。覆手深半寸許，刻柳溪蘆岸，石峡瀑水，噴珠濺玉，浴鵝凡六，極生動之致，雖不署款，信佳手所製。下方側鐫御題詩一首，楷書，鈐寶二：曰幾暇怡情，曰得佳趣。匣蓋並鐫是詩，隸書，鈐寶二：曰乾，隆。

御製題舊綠端浴鵝硯

柳溪蘆岸極幽閒，坤數鵝群浴箇閒。不必蘭亭景佈置，得之象外破天慳。

舊紫端朗月踈星硯説

硯高五寸七分，寬三寸八分許，厚一寸一分。水坑紫端，瑩潤如玉，中涵青花。硯面正平，墨池作偃月形，上下左右鸜鵒活眼，散佈如星，惟池中一眼凸爲柱。池上方鐫『青花紫玉，朗月踈星』八字，池旁有『簾青主人銘』五字款，俱行書。下有『李淑沆印』四字方印一。李淑沆，無考。左側及右邊俱有天然鱔血斑。硯背正平，上爲圓池如滿月。下鐫御題詩一首，楷書，鈐寶二：曰會心不遠，曰德充符。匣蓋並鐫是詩，鈐寶一：曰幾暇怡情。

御製舊龍尾石日月疊璧硯銘

舊溪龍尾，既琢既追。面背受墨，左右胥宜。合璧其章，雙丸日月。跡紀石帆，寶雲異說。珍此龍賓，盍簪其來。律以廉讓，吾斯愧哉。

曹三才識語：馬融《尚書注》『太極上元十一月朔，日月如疊璧五』，余於戊辰十月朔登鷹窠頂，擬觀合璧，先一夕夢中得見日月如合璧三，因琢是硯以志異。

陳奕禧識語：廉讓得龍尾石，琢疊璧硯，因借用《國語》以識其意。

舊歙溪金星石玉堂硯説

硯高八寸，寬五寸一分，厚一寸三分許。歙溪老坑金星石也。製爲玉堂式，色黝而澤，遍體金星密佈。硯面微有駁蝕，墨池深廣，墨鏽濃厚。覆手自上削下，兩跗離几九分許。上方側面鐫御題詩一首，楷書，鈐寶一：曰會心不遠。匣蓋並鐫是詩，隸書，鈐寶一：曰乾隆宸翰。

御製題舊歙溪金星石玉堂硯

金其星玉堂其式，凡幾百年墨鏽沉。寄語拈毫製詞者，爾音毋似有遐心。

舊歙溪石函魚藻硯説

硯圓徑三寸，圍徑九寸，厚六分。剖歙溪石爲之，天然鬭筍，無斧鑿痕。受墨處略加礲治，墨池刻作魚形，蓋嵌玉魚一，與硯池形式相應。偏刻水波藻荇。左右俱有剥蝕。函側合縫處圍鐫銘二十字，古篆文，有數字不能辨。硯背鐫御題詩二首，楷書，鈐寶二：曰比德，曰朗潤。匣蓋

舊洮石黃標硯說

硯高三寸二分，寬一寸七分許，厚一寸。臨洮石，質極細膩。面背俱黃色，中層微緑，頗類松花石。硯面刻爲佛手柑形，近蒂處爲墨池。右上方綴小佛手柑一，梗葉掩映。左側鐫贊四十二字，右側鐫識語六十字，下有『周惕』二字款，俱楷書。覆手橢圓，中鐫御題銘一首，楷書，鈐寶一：曰比德。匣蓋並鐫是銘，隸書，鈐寶一：曰朗潤。查惠周惕，吳縣人，本朝康熙年間由翰林改官知縣。是硯曾經收藏，堪備譜中逸品。

御製舊洮石黃標硯銘

臨洮緑石，有黃其標。似松花玉，珍以年遥。比之舊端，郊寒島瘦。聊備一品，圖左史右。

惠周惕識語並贊：此臨洮緑石之黃標也。標有淺浮於面者多，若斯深色沉厚者少，古硯銘有曰黃玉硯，殆即見是等，温如蒸栗，故呼爲玉耶，因寶之，特載贊於左：燦黃香于須彌兮，掌管城之萬頃。含緑蘂於崑岡兮，掬西江之千波。拈兮，笑兮，嗅兮，磨兮，清心禪夢，靈指招予。

舊艧村石玉堂硯說

硯高五寸一分，寬三寸五分，厚五分。舊坑艧村石也。質細而潤，扣之作木聲，有似端溪之老坑石，製爲玉堂式。面背四周俱有剥蝕，如未經磨礲者。然墨鏽深裹，堅如膠漆。覆手鐫御題詩一首，楷書，鈐寶二：曰幾暇怡情，曰得佳趣。匣蓋並鐫是詩，隸書，鈐寶一：曰德充符。

御製題舊艧村石玉堂硯

剥蝕漫嫌體不全，成形物豈久長堅。何年用者玉堂客，至署可過八影磚。

御製題朱彝尊井田硯

曝書亭裏考經義，井字硯田磨欲平。自是伊人思復古，可知復古實難行。

朱彝尊銘：井爾井，田爾田，宜豐年。

注：舊篋村石蘭亭硯説……阿誰成弗愧羲之。此段原稿已佚，据四库本补。

宛轉生動。底蓋相應，中剖爲二，天然合縫。蓋裏稍光而穹起。硯面正平，受墨處不出光以起墨。上方墨池爲虫蝕痕，天然屈曲。硯背右方鐫『康熙年製』四字，篆書。謹案：《盛京通志》稱，松花石出混同江邊砥山，緑色而光潤細膩，品埒端歙，堪爲硯材云云。考松花石，前代譜硯者如米芾、李之彦、高似孫輩皆未著録。至我朝發祥東土，地靈鍾秀，佳石斯顯，以協文運，蔚爲藝林珍品，歲貢充内府陳設者不下數百枚，謹擇其尤六方登於譜。

松花石壺盧硯説

硯高五寸七分，上寬二寸五分，下寬四寸，厚五分，壺盧式。松花石爲之。下寬處爲硯面，上爲墨池，刻蝙蝠一，覆之如飲墨狀。覆手鐫世宗憲皇帝御題銘一首，隸書，鈐寶一：曰雍正年製。

世宗憲皇帝御製松花石壺盧硯銘

以静爲用，是以永年。

松花石翠雲硯説

硯爲鐘形，通鈕高九寸，上寬三寸九分，下寬六寸四分，厚一寸四分。松花石爲之。受墨處緑如翠羽，墨池作偃月形，池底及硯面俱淡黄色。硯首刻作蒲牢形，左向爲鈕，側面四周俱緑黄色相間。覆手從上削下，兩跗離几六分許，色黄緑相錯如松皮紋。上鐫『翠雲硯』三字，隸書。中鐫上在潛邸時所題詩一首，楷書，鈐寶二：曰會心不遠，曰德充符。匣蓋並鐫『翠雲硯』及是詩，鈐寶二：曰得佳趣，曰樂善堂。

二寸五分，亦松花石。座四圍出硯三分許，四隅有足，離几分許。中爲覆手，鐫『乾隆年製』四字，篆書。匣蓋澹碧色地，上刻雲山，下涌波濤，有龍馬洛龜象。右方鐫『龍馬負圖，洛龜獻書』八字，隸書。後有『玉』『質』二字方印二，皆黄色。

澄泥硃硯説

硯高二寸三分許，寬二寸許，厚三分。澄泥黄色，潤如蒸栗。受墨處正平，墨池爲偃月形。邊周起線，四角稍圓而棱内入。覆手深分許，中鐫御題銘一首，楷書，鈐寶一：曰朗潤。

御製澄泥硃硯銘

點《周易》，難研理。批奏章，慎臧否。遣興摛詞餘事耳，然而無不慙乎爾。

澄泥墨硯説

硯尺度、體製並與硃硯同。覆手鐫御題銘一首，楷書，鈐寶一：曰朗潤。謹案：硃、墨二硯並貯文具格中。上批閲封章，發揮天藻，乙夜行厨，常侍翰席，霑筆雨而霈墨華，可爲硯石慶榮遇云。

御製澄泥墨硯銘

絳縣得材偶倣古，餘製二硯硯匣貯。臨池五合之一助，逮憶蘇言意則憮。

御製題舊烏玉硯

不冰雖足用嚴寒，受墨終須遜舊端。應寄香山白少傅，陸機文讀試燒看。

曰乾，隆。匣蓋並鎸是詩，隸書，鈐寶二：曰幾暇怡情，曰得佳趣。考高似孫《硯箋》稱，駝基石出登州駝基島，色黑，羅文金星，發墨類端、歙。是硯雖係新製，而質理鋒潁佳處不減龍尾，可備硯林別品。

御製題駝基石五螭硯

駝基石刻五螭蟠，受墨何須誇馬肝。設以詩中例小品，謂同島瘦與郊寒。

紅絲石風字硯説

硯高三寸八分，上寬二寸四分，下寬三寸八分，厚七分。臨朐紅絲石，琢爲風字形。硯面寬平，墨池深四分許，式古雅而便染翰。硯背正平，無覆手。下方側面鎸御題銘一首，楷書，鈐寶一：曰太璞。匣蓋並鎸是銘，隸書，鈐寶二：曰比德，曰朗潤。

御製紅絲石風字硯銘

石出臨朐，紅絲組錦。製爲風字，宣和式審。既堅以潤，腴發墨瀋。雖遜舊端，足備一品。

紅絲石四直硯説

硯高三寸六分，寬二寸四分，厚七分。石質細潤，黄理而紅絲。邊勒四直，受墨處正平。覆手鎸御題詩一首，楷書，鈐寶二：曰比德，曰朗潤。匣蓋並鎸是詩，隸書，鈐寶二：曰會心不遠，曰德充符。考宋高似孫《硯箋》引唐録稱，唐中和年，青州石工蘇懷玉於石洞中得石四五寸，磨治爲硯，墨膏浮泛，蒸濡如露，異於他石，後洞門石摧遂絶。又引歐譜稱，紅絲硯須飲水乃發墨云云。似舊石久稀，而宋時新製，稍嫌渴墨。是硯雖非舊石，

匣蓋鐫御題銘與硯同，隸書，鈐寶二：曰比德，曰朗潤。匣底内鐫『乾隆御用』四字，外鐫『倣魏興和甎硯』六字，並隸書。

御製倣魏興和甎硯銘

澄汾水之泥，倣魏代之甎，在興和已稱舊。然豈久於祖龍之年，今長城猶故物也。夫誰迴顧以視焉，是知物貴所託。龍門謂青雲之士，蓋亦有感而爲言。

仿唐八棱澄泥硯説

硯八棱，體徑四寸一分，棱徑四寸五分，厚五分。舊澄泥，仿唐八棱硯式製。色黄而質細，温潤如石。受墨處中圓如月，周環以渠，深二分許。外爲八棱。上方側面鐫『仿唐八棱澄泥硯』七字，楷書。覆手亦八棱，微有鐵花紋。中鐫御題銘一首，楷書，鈐寶二：曰會心不遠，曰德充符。匣蓋並環鐫是銘，隸書，鈐寶同。匣底内鐫『乾隆御用』四字，外鐫『仿唐八棱澄泥硯』七字，並隸書。考内府唐硯，邊周刻海水魚龍，是硯仿其形製，而邊不雕，幾彌見渾雅。

御製仿唐八棱澄泥硯銘

昔也泥，今則石。葆其光，堅以澤。外象卦，中呈璧。利筆毫，發墨液。陶冶功化物無迹，育材作人慙莫釋。

仿唐蔆鏡硯説

硯圓徑四寸八分，厚八分，三足高五分。刻作蔆花，環爲墨池，墨池深二分。受墨處有鸜鵒眼一，斜帶黄龍紋。中有翡翠紋長短各一。硯背

硯背上方鐫『仿唐觀象硯』五字，楷書。中鐫御題銘一首，楷書，鈐寶二：曰德充符，曰會心不遠。匣蓋並鐫是銘，隸書，鈐寶二：曰幾暇怡情，曰得佳趣。匣底内鐫『乾隆御用』四字，外鐫『仿唐觀象硯』五字，並隸書。是硯蓋仿内府舊藏唐觀象硯式作，而尺度微小，厚亦減十分之六云。

御製仿唐觀象硯銘

古聖觀象，意在筆前。卦雖畫八，理具先天。伊誰製硯，義闡韋編。四維四隅，匪方匪圓。弗設奇偶，全體備焉。玩辭是資，選石仿旃。滴露研朱，用佐窮年。

仿澄泥虎伏硯説

硯高四寸五分，上寬二寸五分，下寬三寸八分許，厚一寸四分。仿宋澄泥爲之，色紫，形製稍圓，有青緑而無天然剥蝕痕。虎首微尖小，兩耳正圓，與舊式稍異，餘俱與舊式略同。蓋内鐫御題銘一首，隸書，鈐寶二：曰比德，曰朗潤。匣蓋内並鐫是銘，鈐寶二：曰會心不遠，曰德充符。是硯上出内府舊式，命吴中巧匠仿造進御。雖古澡稍遜，而摹仿逼真，質亦堅潤，蓋幾無虎賁中郎之辨。

御製仿澄泥虎伏硯銘

吕老所造，兹不可得。金閶巧煆，如伏虎式。球琳其質，青緑其色。置之舊側，幾難别白。列於文房，友乎子墨。幾暇怡情，揮毫是北。每繹旅獒，不無慙德。

仿漢石渠閣瓦硯説

硯高四寸五分，寬二寸六分，厚七分。歙溪舊石，製爲瓦形。穹起受墨處圓如滿月。上方鐫御題銘一首，楷書，鈐寶一：曰徵觀。硯首側鐫『仿漢石渠閣瓦硯』七字，楷書。考明高濂《遵生八牋》載，石渠閣瓦硯，背篆『石渠閣瓦』四字。硯上有銘，質堅聲清，傍書云『嘉靖五年改製』，下有小印。是硯易陶以石，略仿形模，無諸款識，而銘自天題。西清珍襲，較之濂所書者榮幸多矣。匣蓋外鐫『仿漢石渠閣瓦硯』七字。内鐫御題銘與硯同，並隸書，鈐寶二：曰幾暇怡情，曰得佳趣。匣底内鐫『乾隆御用』四字。

御製仿漢石渠閣瓦硯銘

石渠閣，覆以瓦。肖其形，爲硯也。出於琢，非出冶。友筆墨，佐儒雅。思卯金，太乙下。

仿唐八棱澄泥硯説

硯八棱，棱廣三寸二分，徑二寸八分，厚一寸一分許。色青黑，端溪舊坑石也。受墨處正圓，周環以池，池外刻作波濤飛魚海馬形。上方側面鐫『仿唐八棱澄泥硯』七字，楷書。硯背正平鐫御題銘一首，楷書，鈐寶二：曰比德、曰朗潤。是硯蓋仿内府舊藏八棱澄泥硯式，而易以端溪佳石，刻法精妙，不減舊製。匣蓋外鐫『仿唐八棱澄泥硯』七字，内鐫御題銘與硯同，並隸書，鈐寶同。匣底内鐫『乾隆御用』四字。

御製仿唐八棱澄泥硯銘

四維四隅，是曰八方。璧水環之，圓於中央。内外各，具深義。澄泥式，仿乎唐。此則端溪出舊阬。

仿宋天成風字硯説

硯高三寸五分，上寬二寸四分，下寬三寸三分，厚八分。舊坑歙石也，風字式。面正平，墨池作偃月形，深二分。上方側鐫『仿宋天成風字硯』七字，楷書。硯背鐫御題銘一首，楷書，鈐寶三：曰含輝，曰會心不遠，曰德充符。考明高濂《遵生八牋》稱，宋硯係蒼玉一塊，渾成風字形，上平下瓦，穹起插手，磨處微凹，雖巧匠無此周緻。是硯具體宋製，而形模較小十之六云。匣蓋外鐫『仿宋天成風字硯』七字。内鐫御題銘與硯同，並隸書，鈐寶二：曰比德，曰朗潤。匣底内鐫『乾隆御用』四字。謹案：以上六硯並出内府舊藏佳石，如式仿製，或端或歙，質不必同，而惟妙惟肖，各臻其極，登諸天章，且屢命仿造。石友六君，接軫文囿，真藝林不朽盛事云。

御製仿宋天成風字硯銘

大塊噫氣，其名曰風。天成取象，製此陶泓。綈几批諾綸綍成，君子之德惕予衷，敢曰萬方無不從。

仿漢未央瓴海天初月硯説

硯以歙石爲之，形體尺度並與舊石仿製同。上方側面鐫『仿漢未央甎海天初月硯』十字，楷書。硯背鐫御題銘一首，楷書，鈐寶二：曰含輝，曰比德，曰朗潤。匣蓋並鐫是銘，隸書，鈐寶二：曰比德，曰朗潤。匣底内鐫『乾隆御用』四字。外鐫『仿漢未央甎海天初月硯』十字，並隸書。謹案：明高濂《遵生八牋》既稱舊硯上有『建安十五年』字，而同爲漢未央甎，謬矣。是硯仿其形製，而不橅『建安十五年』字。

御製仿漢未央瓴海天初月硯銘

未央之甎，胡爲署建安年？或三臺之所遺，墜清漳而濯淵。似孫不察，謬爲題牋。形則長以橢，聲乃清而堅。嘉素質之渾淪，浴初月於海天。

仿宋玉兔朝元硯說

硯以歙石爲之，形體尺度並與舊石仿製同。上方側面鐫「仿宋玉兔朝元硯」七字，楷書。覆手仿刻月輪顧兔形，渾成光緻。硯跗周鐫御題銘一首，楷書，鈐寶二：曰朗潤，匣蓋並鐫是銘，隸書，鈐寶二：曰會心不遠，曰德充符。匣底内鐫「乾隆御用」四字。外鐫「仿宋玉兔朝元硯」七字，並隸書。

御製仿宋玉兔朝元硯銘

月之精，顧兔生。三五盈，揚光明。友墨卿，宣管城。浴華英，規而成。

仿宋德壽殿犀紋硯說

硯以歙石爲之，形體尺度並與舊石仿製同。上方側面鐫「仿宋德壽殿犀紋硯」八字，楷書。硯背鐫御題銘一首，楷書，鈐寶二：曰會心不遠，曰德充符。匣蓋並鐫是銘，隸書，鈐寶同。匣底内鐫「乾隆御用」四字。外鐫「仿宋德壽殿犀紋硯」八字，並隸書。

御製仿宋德壽殿犀紋硯銘

琴古之産兮星文徹端，異種足珍兮辟塵辟寒。他山可磨兮如瓶斯受，聊以寓意兮取諸德壽。

仿宋天成風字硯說

硯以歙石爲之，形體尺度並與舊石仿製同。上方側面鐫「仿宋天成風字硯」七字，楷書。硯背鐫御題銘一首，楷書，鈐寶二：曰朗潤，曰比德。

御製仿漢石渠閣瓦硯銘

炎劉瓦硯稱石渠，汾沙摶埴其式俱。以昔視今舊新殊，由今視昔詎異乎。

仿唐八棱澄泥硯説

硯形體尺度與端溪舊坑石仿製硯同，而質係澄泥，尤與唐舊式相肖。上方側面亦鐫『仿唐八棱澄泥硯』七字，楷書。硯背鐫御題銘一首，楷書，鈐寶二：曰比德，曰朗潤。匣蓋並鐫是銘，隸書，鈐寶二：曰乾，隆。

御製仿唐八棱澄泥硯銘

八棱含璧，外方内圓。唐即澄泥，兹實肖焉。枕葄六藝，脩身立言。詎惟玩物，思旅獒篇。

仿宋玉兔朝元硯説

硯係澄泥製，形體尺度與歙溪眉子石仿製硯同，而覆手内月輪顧兔，模範天成，雖不能如宋硯之天然巧色，更無凹凸，而較彼出自刻琢者，稍覺渾樸。上方側亦鐫『仿宋玉兔朝元硯』七字，楷書。硯跗周鐫御題銘一首，楷書，鈐寶一：曰德充符。匣蓋並鐫是銘，隸書，鈐寶二：曰乾，隆。

御製仿宋玉兔朝元硯銘

月中兔兮日中雞，卯酉其象交坎離。天然配合誰所爲，日雞月兔兩弗知。朝元之硯恒如斯，研朱點筆猶繁辭。